CIÊNCIAS

MARCHA CRIANÇA

3º ANO

CB136214

Maria Teresa Marsico

Professora graduada em Letras pela Universidade Federal do Rio de Janeiro (UFRJ) e em Pedagogia pela Sociedade Unificada de Ensino Superior Augusto Motta. Atuou por mais de trinta anos como professora de Educação Infantil e Ensino Fundamental das redes municipal e particular no município do Rio de Janeiro.

Maria Elisabete Martins Antunes

Professora graduada em Letras pela Universidade Federal do Rio de Janeiro (UFRJ). Atuou durante trinta anos como professora titular em turmas do 1º ao 5º ano na rede municipal de ensino do Rio de Janeiro.

Armando Coelho de Carvalho Neto

Atua desde 1981 com alunos e professores das redes oficial e particular de ensino do Rio de Janeiro. Desenvolve pesquisas e estudos sobre metodologias e teorias modernas de aprendizado. É autor de obras didáticas para Ensino Fundamental e Educação Infantil desde 1993.

Agora você também consegue acessar o *site* exclusivo da **Coleção Marcha Criança** por meio deste QR code.

Basta fazer o *download* de um leitor QR code e posicionar a câmera de seu celular ou *tablet* como se fosse fotografar a imagem acima.

editora scipione

editora scipione

Diretoria de conteúdo e inovação pedagógica
Mário Ghio Júnior
Diretoria editorial
Lidiane Vivaldini Olo
Gerência editorial
Luiz Tonolli
Editoria de Anos Iniciais
Tatiany Telles Renó
Edição
Tais Freire Rodrigues
Arte
Ricardo de Gan Braga (superv.),
Andréa Dellamagna (coord. de criação),
Gláucia Correa Koller (progr. visual de capa e miolo),
Eber Alexandre de Souza (editor de arte),
Letícia Lavôr (assist.) e Casa de Tipos (diagram.)
Revisão
Hélia de Jesus Gonsaga (ger.),
Rosângela Muricy (coord.), Ana Curci,
Ana Paula Chabaribery Malfa, Gabriela Macedo
de Andrade, Luís Maurício Boa Nova
e Vanessa de Paula Santos
Iconografia
Sílvio Kligin (superv.), Ellen Colombo Finta (pesquisa),
Cesar Wolf e Fernanda Crevin (tratamento de imagem)
Ilustrações
ArtefatoZ (capa), Cassiano Röda, Hiroe Sasaki,
Ilustra Cartoon, J. Rodrigues, Luis Moura,
Osni de Oliveira e Vicente Mendonça
Cartografia
Eric Fuzii, Marcelo Seiji Hirata, Marcio Souza,
Robson Rosendo da Rocha e Allmaps

Direitos desta edição cedidos à Editora Scipione S.A.
Avenida das Nações Unidas, 7221, 3º andar, Setor D
Pinheiros – São Paulo – SP – CEP 05425-902
Tel.: 4003-3061
www.scipione.com.br / atendimento@scipione.com.br

Dados Internacionais de Catalogação na Publicação (CIP)
(Câmara Brasileira do Livro, SP, Brasil)

Marsico, Maria Teresa
Marcha criança : ciências, 3º ano : ensino fundamental 1 / Maria Teresa Marsico, Maria Elisabete Martins Antunes, Armando Coelho de Carvalho Neto. – 13. ed. – São Paulo : Scipione, 2015. – (Coleção marcha criança)

Bibliografia.

1. Ciências (Ensino fundamental) I. Antunes, Maria Elisabete Martins. II. Carvalho Neto, Armando Coelho de. III. Título. IV. Série.

15-02821 CDD-372.35

Índice para catálogo sistemático:
1. Ciências : Ensino fundamental 372.35

2018

ISBN 978 85 262 9582 7 (AL)
ISBN 978 85 262 9581 0 (PR)
Cód. da obra 738993
CAE 541644 (AL) / 541645 (PR)

13ª edição
4ª impressão

Impressão e acabamento
EGB-Editora Gráfica Bernardi Ltda

Os textos sem referência são de autoria de Maria Teresa Marsico e Armando Coelho.

Apresentação

Querido aluno, querida aluna,

Preparamos este livro com muito carinho especialmente para você. Ele está repleto de situações e atividades motivadoras, que certamente despertarão seu interesse e lhe proporcionarão muitas descobertas. Esperamos que com ele você encontre satisfação no constante desafio de aprender!

Ao final de cada Unidade apresentamos a seção **Ideias em ação**. Nela, você e seus colegas colocarão em prática alguns dos conhecimentos adquiridos no decorrer de seus estudos.

Além disso, como novidade, temos a seção **O tema é...**, trazendo para você temas para discutir, opinar e conhecer mais. De modo envolvente, essa seção preparará você e seus colegas para compreender melhor o mundo em que vivemos.

Crie, opine, participe, aprenda e colabore para fazer um mundo melhor. E lembre-se sempre de compartilhar seus conhecimentos com todos a sua volta.

Bons estudos e um forte abraço,

Maria Teresa, Maria Elisabete e Armando

Conheça seu livro

Veja a seguir como o seu livro está organizado.

Unidade

Seu livro está organizado em quatro Unidades. As aberturas são em páginas duplas. Em **Vamos conversar?** você e seus colegas discutem algumas questões e conversam sobre a imagem de abertura e o tema que permeará toda a Unidade. Em **O que vou estudar?** você encontra um resumo do que vai aprender em cada Unidade.

Ideias em ação

Esta seção encerra a Unidade. Nela, você faz experimentos e constrói objetos seguindo algumas etapas.

Atividades

Momento de aplicar o conhecimento na prática por meio de atividades diversificadas.

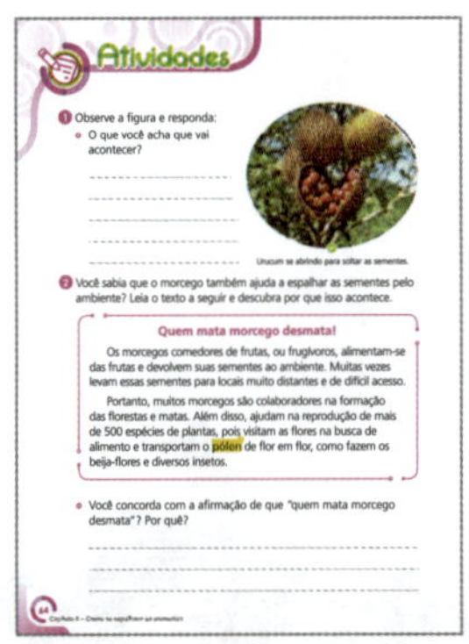

Saiba mais

Seção com curiosidades ou informações mais detalhadas sobre alguns temas relativos à disciplina de Ciências.

O tema é...

Seção que traz temas para você discutir, opinar e aprender mais!

Sugestões para o aluno

Seleção de livros, CDs, *sites* e DVDs para complementar seus estudos e ampliar seus conhecimentos.

Sugestões para o aluno

Livros

A árvore
Bartolomeu Campos Queirós. São Paulo: Paulinas, 2010.
Um texto poético, não por apresentar rimas, mas por eleger uma árvore e, mediante uma riqueza de imagens figurativas, acordar nosso olhar para seu modo de ser, de se dar, de ensinar, chamando também nossa atenção para os pequenos seres que nela habitam.

A terra do povo da graça
Sergio Serrano. São Paulo: Scipione, 2010.
Em nosso mundo, a natureza nos dá tudo aquilo de que precisamos. Mas e se um dia a Terra parasse de fornecer matéria-prima e energia? O que aconteceria com as pessoas?

A última gota
J. L. Diego. São Paulo: Scipione, 2010.
Kika chegou da escola superpreocupada com a falta de água no planeta. Mestre Li a aconselhou a ler a história de Chuvisca, a última gota, que fugia dos exércitos clonadores. Em seu caminho, a gotinha se deparou com muitas cenas de escassez e desperdício de água, mas nunca perdeu a esperança de encontrar soluções para o problema.

Bocão e os bichos
Ziraldo. São Paulo: Globo, 2013.
Bocão é um garoto de muito bom coração; gosta muito de animais. Ele e toda a turma do Menino Maluquinho dividem a cena com animais mitológicos, animais em extinção e animais de estimação, em histórias engraçadas, permeadas de curiosidades e informações.

Com quem estamos?
Ely Barbosa. São Paulo: Paulinas, 2009.
Nana queria saber com quem estamos neste mundo. "Encolhidos" pelo robô e acompanhados por ele, a menina e Bruninho percorreram desde o interior da própria casa até cidades, campos, florestas, regiões polares, conhecendo inumeráveis espécies animais e vegetais. E concluíram: "Vivemos com milhões de outros seres que têm direito à vida como nós".

Glossário

Abdome (p. 128): parte do corpo humano e dos mamíferos, entre o tórax e a pelve. Nos invertebrados é a parte superior do corpo.

abdome

Abrigo (p. 25): proteção.

Adubo (p. 28): material utilizado para fertilizar ou recuperar o solo das plantações.

ADUBO

Agricultura (p. 27): arte de cultivar, plantar e cuidar das plantas.

Anticorpos (p. 154): minúsculas estruturas no sangue que ajudam a combater doenças.

Bactéria (p. 150): ser vivo microscópico que vive no solo, na água, na matéria orgânica ou nos corpos de plantas e animais.

Broto (p. 60): órgão que rompe, brota nos vegetais e é capaz de se desenvolver.

Cartilagem (p. 92): tecido resistente e flexível, constituindo elemento importante do mecanismo de crescimento.

Cisternas (p. 32): espécie de poço que coleta a água das chuvas.

Enzima (p. 69): proteína produzida por seres vivos capaz de causar reações químicas relacionadas com a vida.

Espécie (p. 63): característica comum que serve para dividir os seres em grupos.

Estratosfera (p. 11): camada da atmosfera entre 11 km e 50 km de altura.

Fertilidade (p. 29): propriedade de produzir muito. Aumentar a fertilidade do solo é tratá-lo para que as plantas se desenvolvam mais e melhor.

Glossário

Para facilitar o entendimento, você encontra o significado de algumas palavras no final do livro. Essas palavras aparecem destacadas no texto.

Materiais de apoio

Revista de Ciências

Revista que aborda uma grande variedade de temas científicos complementares. Cada edição contém uma reportagem especial de capa e diversas seções sobre meio ambiente, sustentabilidade, geração de energia, saúde, entre outros assuntos. No fechamento de cada edição há uma divertida atividade para você testar seus conhecimentos e aprender ainda mais.

Caderno de experiências

Material no final do livro que contém instruções para a realização de diversas experiências. Nesse caderno, você segue as instruções passo a passo para criar experiências utilizando os materiais indicados no livro. Depois disso, você observa os resultados e responde às questões no fim de cada atividade.

Caderno de criatividade e alegria

Material no final do livro que traz atividades manuais criativas e divertidas para você aprofundar seus conhecimentos.

Página +

No final do livro, você encontra uma página especial ilustrada, que destaca alguns dos assuntos explorados no livro.

Quando você encontrar estes ícones, fique atento!

atividade oral | atividade no caderno | atividade em grupo

OED — Este ícone indica objetos educacionais digitais (OEDs) relacionados aos conteúdos do livro. Acesse: www.marchacrianca.com.br.

Sumário

UNIDADE 3 Os animais 82

UNIDADE 4 O ser humano e a saúde..... 116

UNIDADE 1

O planeta Terra e o ambiente

Vamos conversar?

- Você sabe o que são os pontinhos brilhantes que vemos da Terra quando olhamos para o céu noturno?
- O planeta Terra tem recursos naturais, como a água, o ar, o solo. O que o ser humano tem a ver com esses recursos?

O que vou estudar?

- O planeta Terra
- Os recursos do ambiente: o solo, a água e o ar
- Os problemas ambientais da Terra

Ilustra Cartoon/Arquivo da editora

Capítulo 1 O planeta Terra

OED

Quando olhamos para o céu numa noite escura, podemos perceber que há pontinhos brilhando no espaço. Esses pontinhos brilhantes são chamados **astros**.

Existem astros que brilham porque possuem luz própria. São as estrelas. Há outros astros, como os planetas e os satélites, que não possuem luz própria, mas brilham porque refletem a luz das estrelas.

A Terra, onde vivemos, é um planeta, e faz parte de um conjunto de planetas que, com seus satélites, giram ao redor do Sol. Esse conjunto é chamado de **Sistema Solar**.

Cassiano Röda/Arquivo da editora

Como você já sabe, um planeta não tem luz própria. É do Sol, a estrela mais importante para nós, que a Terra recebe luz e calor.

Um satélite é um corpo celeste que gira ao redor de um planeta.

A Lua é o satélite da Terra.

Saiba mais

"A Terra é azul"

Nove minutos após decolar da base de lançamento na Cidade das Estrelas, em Baikonur, no Casaquistão, a nave Vostok I estava a 320 quilômetros de altitude, voando a 8 quilômetros por segundo (28 mil km/h) e saindo da estratosfera para entrar no espaço.

Eram 9h15 da manhã de 12 de abril de 1961, e o céu estava escuro.

ITAR-TASS/Newscom/Glow Images

Iuri Gagarin, astronauta russo.

Através da escotilha, o primeiro homem no espaço enxergou o céu mais escuro de sua vida. Abaixo estava a Terra, e sua cor era azul, o azul mais intenso que Gagarin viu na vida. "Como está se sentindo?" — perguntaram do centro de controle da missão.

— "O voo continua bem. Estou fazendo observações da Terra. Visibilidade boa. Eu posso ver as nuvens. Eu posso ver tudo. É maravilhoso!".

Disponível em: <http://revistaepoca.globo.com/Revista/Epoca/0,,EMI224907-15230,00.html>. Acesso em: 8 jan. 2015. (Texto adaptado).

Atividades

1 Observe a fotografia da Terra vista do espaço e responda:

O planeta Terra

- Que forma tem a Terra?

....

2 Astros são todos os corpos celestes, com ou sem luz própria. Assinale as afirmativas verdadeiras.

- ◯ As estrelas brilham porque possuem luz própria.
- ◯ A Terra é um astro e possui luz própria.
- ◯ A Terra é um planeta e não possui luz própria.
- ◯ A Lua é um satélite e não possui luz própria.

3 Converse com os colegas e o professor e registre sua resposta.

- Por que, durante o dia, só enxergamos o Sol e não vemos outras estrelas?

....

....

....

....

4 Você acha que sem o calor do Sol poderia existir vida na Terra? Por quê?

- Agora, crie uma pequena história contando o que aconteceria se o Sol se apagasse.

5 Você já reparou que a Lua não aparece sempre do mesmo jeito no céu? Desenhe, no espaço abaixo, as formas da Lua que você já viu. Mostre a seus colegas. Quem fez o mesmo desenho? Quem fez desenhos diferentes?

Os movimentos da Terra

Você já viu um pião rodando?

O pião gira em torno de si mesmo.

Você sabia que a Terra está sempre girando no espaço, num movimento parecido com o do pião?

A Terra faz movimentos conhecidos como **rotação** e **translação**.

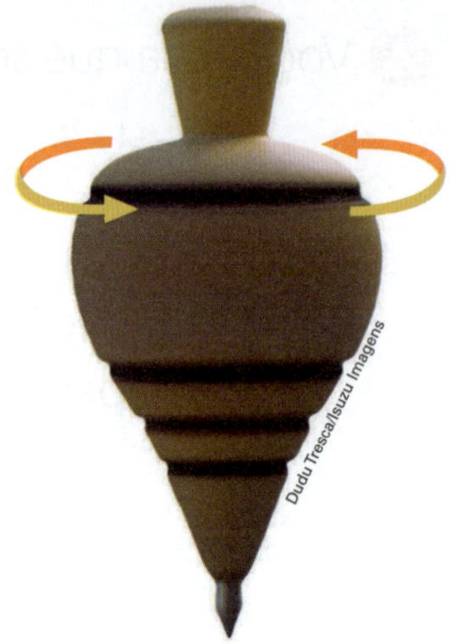

Dudu Tresca/Isuzu Imagens

Movimento de rotação

Para você entender melhor o movimento de rotação, faça o seguinte experimento:

A maçã representa a Terra e a lâmpada representa o Sol. Passe um palito pelo centro da maçã.

Encoste uma das pontas do palito na mesa, incline um pouquinho e gire-o. O lado da maçã que passa em frente à luz da lâmpada fica mais iluminado que o outro. O mesmo acontece com a Terra, só que ela é iluminada pela luz do Sol.

Ilustra Cartoon/Arquivo da editora

Para dar uma volta completa em torno de si mesma, a Terra leva 24 horas; ou seja, o movimento de rotação da Terra dura 24 horas. É esse movimento que dá origem ao dia e à noite.

A ilustração ao lado representa a Terra realizando o movimento de rotação.

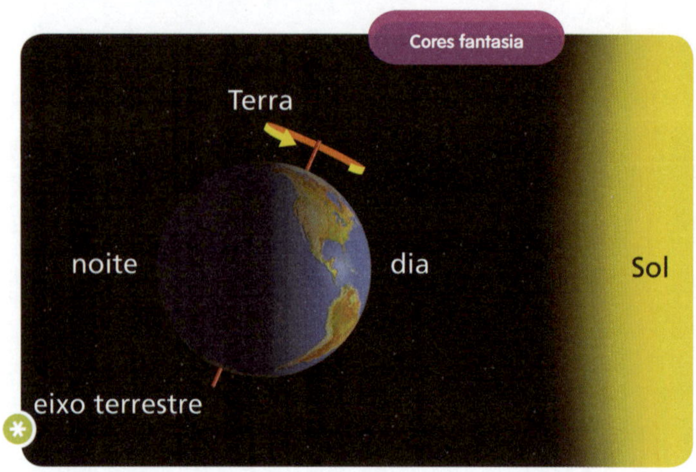

Cassiano Röda/Arquivo da editora

Esquema do movimento de rotação da Terra.

Movimento de translação

Ao mesmo tempo que a Terra faz o movimento de rotação, ela gira em torno do Sol: é o movimento de translação.

Para entender esse movimento, faça o seguinte experimento:

Suspenda a maçã com o palito e gire-a em torno de si mesma (como se fosse um pião); ao mesmo tempo, faça-a também girar em torno da lâmpada.

Ilustra Cartoon/Arquivo da editora

A ilustração ao lado representa a Terra realizando o movimento de translação.

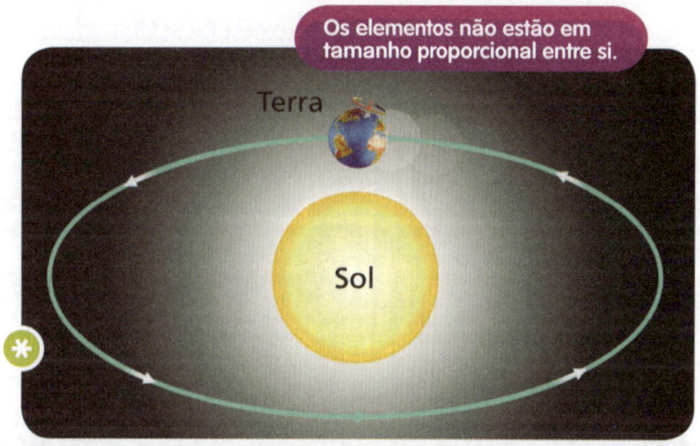

Cassiano Röda/Arquivo da editora

Esquema do movimento de translação da Terra. As cores utilizadas não são as reais.

Para dar uma volta completa em torno do Sol, a Terra leva 365 dias e 6 horas; ou seja, o movimento de translação dura um ano.

A Terra gira sempre **inclinada**. O movimento de translação e a inclinação da Terra dão origem às quatro estações do ano: primavera, verão, outono e inverno.

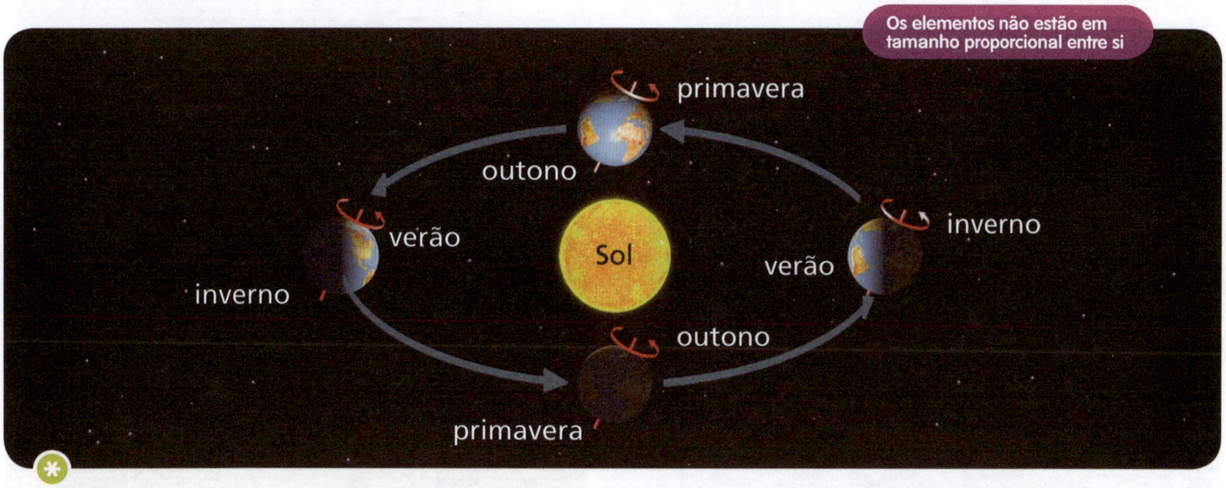

Cassiano Röda/Arquivo da editora

Esquema representando as quatros estações do ano. As cores utilizadas não são as reais.

As estações do ano não se manifestam igualmente em todos os lugares do planeta.

Em alguns locais, há realmente uma estação quente, uma fria, uma em que aparecem as flores e outra em que os frutos são mais abundantes. Mas na região Norte do Brasil, por exemplo, só são sentidas duas estações: a das chuvas e a das secas. No Nordeste, faz calor sempre. Lá, o inverno é a época de chuvas, não de frio. Já no Sul do país, o inverno é, de fato, a estação do frio.

Como no Brasil há flores e frutos praticamente o ano todo, a primavera e o outono são percebidos com menor intensidade.

PRIMAVERA
Começa em setembro.
Termina em dezembro.

Eduardo Marques/Tempo Editorial

VERÃO
Começa em dezembro.
Termina em março.

Felipe Christ/Agência Estado

OUTONO
Começa em março.
Termina em junho.

Edson Rosa/Arquivo da editora

INVERNO
Começa em junho.
Termina em setembro.

Fabio Colombini/Acervo do fotógrafo

Atividades

1 Assinale **V** para verdadeiro e **F** para falso.

( ) A Terra gira em torno do Sol.

( ) A Terra gira inclinada.

( ) A Terra só faz um movimento por vez.

- Reescreva corretamente a frase falsa.

....

....

2 Leia o texto a seguir e explique com suas palavras por que ocorrem essas mudanças.

> Todos os dias podemos ver o Sol aparecer no horizonte. Horas depois, ele desaparece dando lugar à noite. Observamos ainda que o clima, ao longo do ano, também varia: no inverno, por exemplo, faz mais frio e percebemos que o dia é mais curto. Já no verão a temperatura sobe mais e os dias são mais longos.

....

....

3 Leia, converse com seus colegas e assinale a alternativa correta.

Enquanto a Terra gira em torno do próprio eixo, ela também gira em torno do Sol.

- Tempo que a Terra leva para dar a volta em torno do própio eixo:

( ) 365 dias e 6 horas ( ) 24 horas

- Tempo que a Terra leva para dar uma volta em torno do Sol:

( ) 365 dias e 6 horas ( ) 24 horas

A superfície da Terra

Nós e outros seres vivemos na **superfície** da Terra.

A superfície da Terra é composta de rochas, solo e água.

Observe ao lado nosso planeta "por dentro" e perceba que a Terra tem três camadas principais.

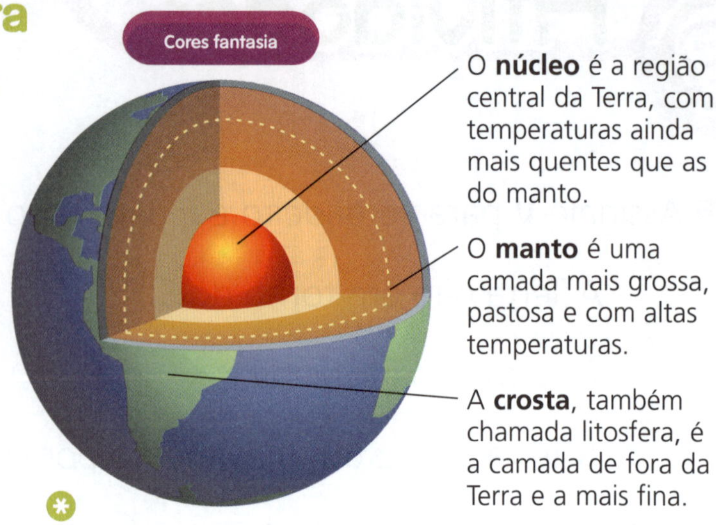

Representação em corte das camadas da Terra (sem escala).

Ilustração: Cassiano Röda/Arquivo da editora. Adaptado de: STANLEY, Steven M. *Earth System History*. Nova York: Freeman, 1999. p. 15.

A crosta terrestre

A crosta é a parte externa da Terra. Ela é formada pelo solo e pelo subsolo.

O **solo** é onde nós vivemos, construímos nossas casas, cultivamos plantações, etc.

No **subsolo** encontramos as pedras, também chamadas de rochas. As rochas são formadas de minerais encontrados na natureza.

O ser humano utiliza as rochas para construir prédios, calçar ruas, fabricar objetos, etc. Das rochas, é possível extrair minérios, como o ferro, o ouro, o alumínio, a prata e o cobre.

A maior parte da superfície da Terra é coberta pela água dos mares, rios e lagos. Observe a representação abaixo.

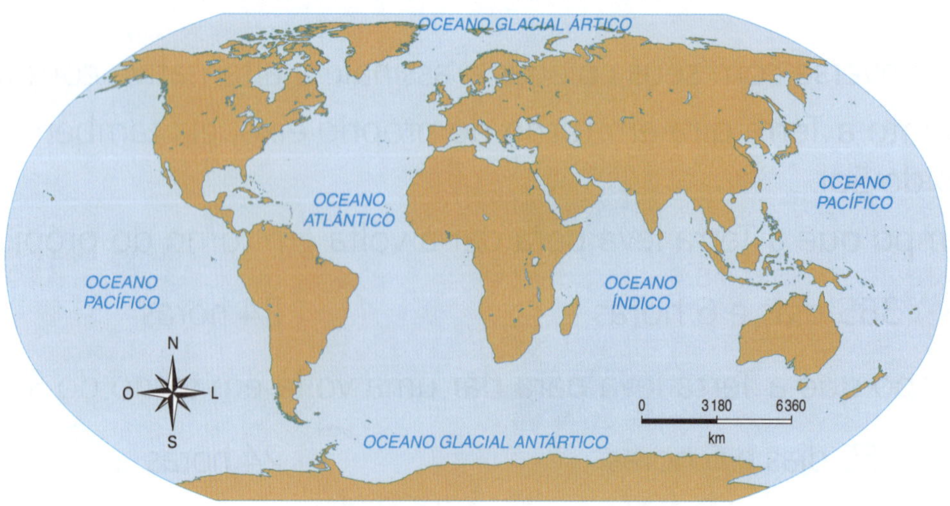

Banco de imagens/Arquivo da editora

Atividades

1 Responda:

a) Em qual das camadas se localiza a superfície da Terra?

....

b) Do que é formada a superfície terrestre?

....

2 Cite algumas das utilidades das rochas para o ser humano.

....

....

3 Execute os passos a seguir.

a) Encontre alguns tipos de rocha.

b) Observe nelas as cores, a forma, o peso, o brilho, entre outros aspectos.

c) Faça abaixo o registro, com desenhos e textos, das principais características dessas rochas.

d) Leve-as para a escola. Reúna as suas rochas com as dos colegas e conversem sobre as anotações que fizeram. Com o auxílio do professor, organizem uma exposição.

Saiba mais

Água potável

A água disponível para consumo humano se chama água potável.

Embora a maior parte da crosta terrestre seja coberta de água, boa parte dessa água não é potável. Veja:

Imagine que a água deste copo é o total de água na Terra.

Desse total, apenas a porção no fundo do copo ao lado é potável (pois a água dos mares é salgada, e não serve para beber ou cozinhar).

A maior parte dessa água potável está congelada nos polos ou em regiões muito altas. A água que está realmente disponível para consumo humano caberia numa colherzinha.

Ilustrações: Ilustra Cartoon/Arquivo da editora

Ambientes da Terra

Os seres vivos nascem e se desenvolvem em um determinado lugar na Terra. Esse lugar é chamado ambiente.

Ambiente é tudo que cerca ou envolve os seres vivos e as coisas.

Observe um tipo de ambiente da Terra:

Luis Salvatore/Pulsar Imagens

O que você pode observar neste ambiente?

O ar, a água e a terra, também chamada de solo, estão no ambiente.

O ar, que os seres humanos e os outros animais respiram, faz parte da **atmosfera**.

A água, sem a qual não poderíamos viver, faz parte da **hidrosfera**.

O solo, que sustenta as plantas e os animais e é o lugar onde vivemos e de onde retiramos os alimentos, faz parte da **litosfera**.

Na natureza, podemos encontrar ambientes terrestres e ambientes aquáticos. Observe alguns ambientes e veja como eles se diferenciam uns dos outros.

Ambientes terrestres	Ambientes aquáticos
 Edson Grandisoli/Pulsar Imagens Floresta em Alta Floresta (MT).	 Du Zuppani/Pulsar Imagens Igarapé em Maués (AM).
 Gerson Gerloff/Pulsar Imagens Campos em Cruz Alta (RS).	 Ricardo Azoury/Pulsar Imagens Fundo do mar em Guapari (ES).
 Robert Harding World Imagery/Alamy/Other Images Deserto na Argélia, África.	 Palê Zuppani/Pulsar Imagens Lagoa em Cáceres (MT).

Muitas vezes, o ser humano modifica os ambientes; por exemplo, para construir cidades.

Quando isso é feito sem tomar certos cuidados, pode-se colocar em perigo o **equilíbrio** da natureza, pois morrem plantas e animais e o solo se desgasta.

Atividades

1 Observe a ilustração e responda às questões.

Ilustrações: Ilustra Cartoon/Arquivo da editora

a) Esse ambiente é terrestre ou aquático?

....

b) Quais seres vivos estão nesse ambiente?

....

2 Compare duas imagens do mesmo lugar em épocas diferentes.

①

②

- Agora, responda:

  a) Quais foram as modificações que o ambiente da imagem 1 sofreu?

  ....

  ....

  b) Após as modificações, a quantidade de animais e plantas nesse lugar aumentou ou diminuiu?

  ....

  c) Por que o ser humano modificou esse ambiente?

  ....

  ....

3 Cole uma figura ou desenhe uma cena que represente um ambiente aquático e um ambiente terrestre.

Ambiente terrestre	Ambiente aquático

4 Que tal conhecer um pouco mais sobre a história da cidade em que você mora? A História não está só em fotos, livros e cartas. Ela também está no ambiente!

a) Converse com um familiar, vizinho ou amigo idoso e peça que ele descreva um ambiente da cidade onde você vive que tenha sido transformado ao longo do tempo.

b) Numa folha avulsa, escreva sobre a sua conversa ou faça desenhos mostrando essas transformações.

c) Em classe, discuta com os colegas quais dessas mudanças foram boas e quais foram ruins para o ambiente e para os seres vivos (incluindo o ser humano).

Capítulo 2

Os recursos do ambiente

Nosso ambiente é constituído de solo, água e ar, além de outros elementos. Vamos agora estudar melhor cada um desses componentes.

O solo

O solo é a camada da Terra onde vivemos. É do solo que retiramos quase tudo o que nos sustenta. Nele construímos nossas casas e cultivamos plantações. O solo serve de base para as raízes, é fonte de nutrientes para as plantas e abrigo para muitos animais.

O solo é formado de:

pedacinhos de rochas

restos de vegetais

restos de animais

Ilustrações: J. Rodrigues/Arquivo da editora

Tipos de solo

Existem diferentes tipos de solo. Há, por exemplo, solos muito secos e outros que são alagados.

Os solos secos possuem muita areia misturada à terra. São, por isso, chamados de **solos arenosos**.

Já os solos alagados possuem argila demais, retendo água em excesso. São, por esse motivo, conhecidos como **solos argilosos**.

Veja as amostras de solo nos potes a seguir. No pote 1, o solo é arenoso; no pote 2, o solo é argiloso. Foi despejada a mesma quantidade de água em cada um dos potes. Você observou alguma diferença entre eles?

1

solo arenoso

2

solo argiloso

Fotos: Sérgio Dotta Jr./The Next

Como você pode observar, a quantidade de água no fundo do pote 1 é maior do que no pote 2. Isso aconteceu porque o solo argiloso retém mais água do que o solo arenoso.

Saiba mais

Os povos indígenas e a cerâmica

Os solos argilosos têm uma importante utilidade. Muitos povos indígenas do Brasil produzem seus próprios utensílios de cerâmica usando técnicas tradicionais de seus antepassados.

As peças geralmente são produzidas manualmente pelas mulheres indígenas que trabalham moldando o barro.
Elas recolhem o barro nas margens dos rios e depois o armazenam em cestos ou folhas de palmeiras para evitar que resseque.
Em seguida, retiram as impurezas, como pedaços de gravetos e pedras, amassando a argila com um pilão para obterem um grão bem fino e homogêneo.

Cultivo do solo

O ser humano cultiva o solo e dele retira grande parte de sua alimentação, como verduras, legumes e cereais.

Irrigação e drenagem

Para serem aproveitados para a agricultura, os solos muito secos ou os que retêm muita água precisam ser normalizados.

Os solos secos devem ser irrigados, ou seja, precisam que a água de um rio ou de um poço seja levada até eles.

Saulo Cruz/Fotoarena

irrigação

Os solos alagados devem ser drenados, isto é, precisam que se retire deles a água que está em excesso. Isso é feito abrindo-se valas e colocando-se tubos para que a água escoe.

Ew Chee Guan/Shutterstock/Glow Images

drenagem

Adubação

Para que as plantas se desenvolvam bem, é importante, ainda, que o solo seja fértil, isto é, contenha sais minerais e matéria orgânica e esteja com a terra fofa e arejada.

Quando o solo não é naturalmente fértil ou já está cansado por ter sido utilizado para muitas plantações, podemos recuperá-lo revirando a terra com arado e colocando adubo, tornando-o produtivo.

Opção Brasil

O esterco (fezes de animais, como gado ou porco) contém muitos nutrientes importantes para o solo e para os vegetais.

Singkham/Shutterstock/Glow Images

Adubo químico produzido por indústria.

Conservação

Nossa vida e a vida dos outros seres vivos dependem da conservação do solo. Conservar o solo significa cuidar da terra para que ela não perca sua capacidade de sustentar as plantas e os animais.

Veja alguns cuidados para a conservação do solo e o equilíbrio da natureza:

- Evitar os **desmatamentos**, isto é, a derrubada das árvores das matas.
- Promover o **reflorestamento**, isto é, plantar novas árvores nos lugares onde houve desmatamento.

- Manter a vegetação natural; ela é uma proteção do solo.
- Evitar queimadas, pois elas prejudicam a fertilidade do solo.

Mario Friedlander/Pulsar Imagens

Desmatamento para construção de casas em Porto Velho (RO), 2014.

Gerson Sobreira/Terrastock

Reflorestamento em São Paulo, 2011.

Atividades

1 Como podemos cuidar da fertilidade e da conservação do solo? Escreva uma frase para cada foto utilizando as palavras do quadro.

desmatamento	adubação	reflorestamento	queimada

Ernesto Reghran/Pulsar Imagens

Gerson Sobreira/Terrastock

Gerson Sobreira/Terrastock

Fabio Colombini/Acervo do fotógrafo

2 Identifique na cena abaixo a importância do solo para os seres vivos. Anote nas linhas a seguir as suas observações e depois discuta com o professor e os colegas.

Ilustra Cartoon/Arquivo da editora

....

....

....

....

....

3 Marque com um **X** as frases corretas.

( ) O solo é formado por restos de animais e vegetais e por pedaços de rochas.

( ) Os animais e as plantas não utilizam o solo em suas atividades diárias.

( ) O adubo é um produto utilizado para melhorar a fertilidade do solo.

4 Faça uma pesquisa: na região onde você mora, o solo é bastante usado para a agricultura? Procure saber também quais são os outros usos do solo. Depois, discuta em classe o impacto que essas atividades causam no solo.

....

....

A água

A água cobre as partes mais baixas da superfície terrestre, formando os mares, os rios e os lagos. As plantas, os seres humanos e os outros animais precisam de água, pois ela é fundamental para a vida.

Utilizamos a água para beber, cozinhar, lavar, tomar banho, regar as plantações, dar de beber aos animais, etc.

A água utilizada nas cidades vem dos rios, lagos e represas. Em cidades pequenas de algumas regiões secas, utiliza-se principalmente a água da chuva, coletada por meio de cisternas.

Tratamento da água

Antes de chegar à nossa casa, a água deve passar por uma estação de tratamento. Lá, ela recebe cuidados especiais que a tornam boa para ser consumida. A água apropriada para o consumo deve estar livre de impurezas e **microrganismos** (seres vivos pequeníssimos, vistos apenas com a ajuda de microscópios).

Egberto Nogueira/Arquivos da editora

Estação de tratamento de água do Guaraú (SP).

Saiba mais

O ciclo da água

Sobre a Terra, a água muda constantemente de estado, ela se transforma em chuva, neve, gelo ou nuvem. É o que chamamos de **ciclo da água**.

Aquecida pelo sol, a água do mar evapora e se eleva no ar. A água dos rios, dos lagos e também a que está sobre o solo evaporam.

O vapor forma nuvens, que esfriam e caem no solo como chuva ou como neve.

Chuva ou neve derretida voltam para os rios e retornam ao mar. É um ciclo que nunca termina!

Meu 1º Larousse de Ciências. Trad. de Lúcia Helena Viana. São Paulo: Larousse do Brasil, 2005.

Luis Moura/Arquivo da editora

Atividades

1 Observe as ilustrações que demonstram a formação da chuva.

Ilustrações: J. Rodrigues/Arquivo da editora

- Associe cada ilustração a uma frase.

( ) A água das nuvens cai na terra em forma de chuva.

( ) Com o sol forte e o calor, uma pequena parte da água do mar e dos rios retorna para a atmosfera.

( ) Na atmosfera, o vapor se transforma em gotículas de água, formando as nuvens.

( ) Parte dessa água vai para o mar e rios, e começa tudo outra vez.

2 Para que usamos a água? Observe as fotos e forme uma frase para cada uma delas.

Photocuisine/Corbis/Latinstock

Léo Burgos/Arquivo da editora

Léo Burgos/Arquivo da editora

Jacek/kino.com.br

3 Faça uma lista de atividades em que a água é usada no dia a dia em sua casa.

O ar

Sem o ar não existiria vida na Terra.

O ar está em todos os lugares: à nossa volta, na água, no solo, nas plantas e no corpo de todos os animais.

O ar puro não tem cor, cheiro nem gosto.

Ilustra Cartoon/Arquivo da editora

Nós não podemos ver o ar, mas podemos percebê-lo quando respiramos ou quando ele está em movimento, por exemplo.

O ar em movimento chama-se **vento**.

Em um dia de muito calor, a brisa suave ajuda a refrescar. No entanto, o vento também pode ser muito perigoso. Quando ele é forte demais, pode derrubar postes, árvores e até casas.

Paulo Preto/Futura Press

Danos causados por ventos fortes em São Paulo, 2013.

Poluição do ar

A fumaça das fábricas e dos escapamentos de caminhões, ônibus e carros suja o ar. Quando o ar está sujo, tornando-se **prejudicial** à vida, dizemos que ele está poluído.

Juca Varella/Folhapress

Observe o experimento que foi realizado por uma moradora de uma cidade. Ela deixou uma toalha branca pendurada na janela de sua casa. Depois de uma semana, veja de que cor a toalha ficou:

Ilustra Cartoon/Arquivo da editora

A toalha branca ficou suja com tanta poluição. O ar poluído pode causar várias doenças nas pessoas. Ele também pode prejudicar os outros animais e as plantas.

Existem formas de diminuir a **poluição** do ar. Veja algumas:

- Colocar filtros nas chaminés das indústrias.
- Instalar filtros antipoluentes nos veículos.
- Evitar queimadas nas florestas.
- Plantar árvores.
- Não queimar lixo.

Atividades

1 Assinale **V** para verdadeiro e **F** para falso.

( ) O ar poluído não prejudica as plantas, somente os animais.

( ) Sem o ar não haveria vida na Terra.

( ) Encontramos ar em qualquer parte do ambiente.

( ) As queimadas não prejudicam a qualidade do ar.

- Reescreva as frases falsas, tornando-as verdadeiras.

....

....

2 Marque um **X** na cena que mostra o ar menos poluído.

( )

Ilustrações: Ilustra Cartoon/Arquivo da editora

( )

- Na cena que você marcou, que medidas foram tomadas para diminuir a poluição do ar? Escreva.

....

....

....

3 Discuta a afirmativa a seguir com os colegas. Depois, escreva o que você concluiu sobre ela.

- A pessoa que volta de um supermercado com muitas embalagens plásticas está contribuindo para a poluição do ar.

....

....

Saiba mais

Ajude a diminuir a poluição do ar

Também está em suas mãos melhorar a qualidade do ar e, assim, contribuir para a sustentabilidade do planeta. Veja os itens a seguir e comente com seus pais ou responsáveis.

1. Use menos o carro — Se os veículos são os grandes culpados por boa parte da poluição, não tem jeito: deixe o seu mais vezes na garagem. Proponha a amigos e vizinhos o rodízio de carona e use mais o transporte público — se na sua cidade esse sistema for muito deficiente, cobre dos governantes a melhoria. Ah, e vá a pé ou de bicicleta sempre que possível.
2. Escolha modelos menos poluentes — O.k., você realmente não pode abrir mão do carro. Nesse caso, procure adaptá-lo para o uso de fontes de energia mais limpas, como o gás natural. Regule sempre o motor e calibre os pneus uma vez por semana para diminuir a emissão de poluentes.
3. Fique de olho em quem polui — Hoje as multas para caminhões e ônibus poluidores são altíssimas. Anote a placa de quem emporcalha o ar e denuncie sem dó nem piedade à Secretaria de Meio Ambiente do seu estado. Faça o mesmo com fábricas que emitem fumaça preta — um dos piores venenos para a saúde.
4. Recicle o lixo — Ajude a transformar o que não serve mais para você em algo que será útil aos outros. A decomposição dos dejetos domésticos libera toneladas de gases.
5. Plante árvores — Faça isso sempre que puder e estimule seus amigos e vizinhos a imitá-lo.

Disponível em: <http://saude.abril.com.br/edicoes/0285/medicina/conteudo_298026.shtml>. Acesso em: 10 out. 2011.

Capítulo 3

Os problemas ambientais da Terra

A vida do ser humano na Terra depende inteiramente dos recursos que o ambiente oferece: água, ar e alimentos; matéria-prima para fazer construções, calçar ruas, revestir estradas, erguer pontes; combustíveis para produzir energia e movimentar máquinas. Tudo isso é retirado do meio em que vivemos.

Os recursos de que a natureza dispõe são de dois tipos: renováveis e não renováveis.

Recursos renováveis

Os **recursos renováveis** são aqueles que podem ser repostos na natureza, como as árvores. Se uma for cortada para fornecer madeira, pode-se plantar outra em seu lugar.

Ilustra Cartoon/Arquivo da editora

Cuidando bem de um pedaço de terra, ele produzirá todos os anos.

Esse tipo de recurso pode ser explorado pelo ser humano em seu benefício. Ele não acabará se as pessoas souberem utilizá-lo adequadamente, repondo o que consumirem ou criando condições que favoreçam a reposição natural.

O solo, a água, o ar, os animais e os vegetais são exemplos de recursos que podem ser renovados.

Adriano Gambarini/Olhar Imagem

Rio Solimões, Iranduba (AM).

Mantendo limpas as águas dos rios, elas continuarão a abrigar peixes e outros animais, bem como plantas aquáticas. Continuarão também adequadas para serem utilizadas pelas pessoas.

Recursos não renováveis

Os recursos naturais **não renováveis** são aqueles que, uma vez gastos, não se recompõem mais.

É o que acontece com o petróleo, por exemplo. Para que ele se formasse, foram necessários milhões de anos. Quando é retirado, ele simplesmente acaba. Para obter mais petróleo, é preciso encontrar outra **jazida** para explorar. Esta, por sua vez, um dia também se **esgotará**.

Veja nas ilustrações a seguir como o petróleo se formou:

Ambiente marinho: oceano rico em plâncton e outros seres vivos.

No fundo, ocorre a deposição de restos dos organismos mortos.

Restos orgânicos convertidos em petróleo.

Ilustrações: J. Rodrigues/Arquivo da editora

Enciclopédia do Estudante: Ecologia. São Paulo: Moderna, 2008.

Assim, para não serem desperdiçados, os recursos não renováveis devem ser utilizados com muita responsabilidade.

Além do petróleo, podemos citar os metais, o carvão mineral e as pedras preciosas como exemplos de recursos que não se renovam. Quando o minério de ferro que há na serra dos Carajás acabar, por exemplo, não haverá como colocar outro em seu lugar.

Ricardo Azoury/Pulsar Imagens

Área de extração de minério de ferro na serra dos Carajás, Parauapebas (PA), 2000.

Atividades

1 Leia o texto a seguir.

Como se tornar um ecocidadão

Ecocidadão é alguém que, em sua vida cotidiana, preocupa-se em não consumir mais do que a natureza pode nos oferecer e em não jogar fora mais do que a natureza pode absorver. Veja algumas pequenas coisas que podemos fazer:

- Regra número 1: Evitar a poluição

  Dê preferência a materiais não poluentes, porque uma parte do que compramos um dia irá para o lixo.
  No supermercado, leve uma sacola em vez de pedir sacos plásticos.
  Escolha produtos de embalagens recicláveis.

- Regra número 2: Fazer economia

  Reduza o consumo para **desperdiçar** menos.

- Regra número 3: Aprender a separar o lixo reciclável

  Coloque o lixo no lugar certo para que possa ser reciclado.
  Infelizmente, a coleta seletiva de lixo ainda não é feita em todo o Brasil. Devemos lutar para que isso mude.

Convivendo com a Ecologia, de Gwenaëlle Boulet, Nathalie Tordjman e Laure Saint-Marc. São Paulo: Ática, 2004. (Guia da criança cidadã). (Texto adaptado).

- Agora, anote o que você costuma fazer para:

a) evitar a poluição;

....

....

b) desperdiçar menos;

....

....

c) incentivar e realizar a reciclagem.

....

....

2 Marque com um **X** os recursos renováveis da natureza.

( ) água ( ) petróleo ( ) carvão mineral

( ) madeira ( ) minério de ferro ( ) ar

3 Com os colegas, utilizem o espaço abaixo para criar frases e desenhos pela redução do consumo na região da escola. Depois, elaborem avisos para serem colados no bairro.

4 Escreva, no caderno, uma pequena história sobre o que poderá acontecer se os recursos não renováveis se esgotarem. Faça desenhos para ilustrar seu texto.

O tema é...

Consumo consciente

Nesta Unidade, vimos que uma das principais formas de agir para a preservação do ambiente é consumir de forma inteligente. Os recursos renováveis e até mesmo os não renováveis podem ser utilizados pelo ser humano em seu benefício, desde que essa prática não prejudique a natureza e o meio ambiente.

Fábio Guinalz/Fotoarena

Lápis, borracha, caneta e caderno são itens usados por estudantes e que também entram na lista de objetos que consomem recursos renováveis e não renováveis para serem fabricados.

- Faça uma lista dos objetos que você usa na escola. Depois, tente descobrir de que tipo de material cada objeto é composto e sua fonte de recursos (renováveis ou não renováveis).

Consumidor consciente é consumidor inteligente

Consumir conscientemente não significa deixar de consumir, mas consumir melhor. De que adianta ter um monte de coisas se isso não faz bem para a saúde do planeta? O consumo desenfreado também causa outro problema sério: para onde vão todas as embalagens dos produtos que consumimos? Será que elas são recicladas ou reaproveitadas, ou será que vão parar nos rios e mares, poluindo ainda mais o meio ambiente?

Conheça alguns dos princípios do consumidor consciente. Segui-los é uma forma de contribuir para a preservação do nosso planeta.

Planeje suas compras

Não saia comprando tudo o que deseja, mas que nem sempre precisa. Planeje antecipadamente e, com isso, compre menos e melhor.

Avalie os impactos de seu consumo

Leve em consideração o meio ambiente e a sociedade em suas escolhas de consumo.

Consuma apenas o necessário

Reflita sobre suas reais necessidades e procure viver apenas com o que for necessário.

Reutilize produtos e embalagens

Não compre outra vez o que você pode consertar, transformar ou reutilizar.

Contribua para a melhoria de produtos e serviços

Adote uma postura ativa. Envie às empresas sugestões e críticas construtivas sobre seus produtos/serviços.

Cobre dos políticos

Exija de partidos, candidatos e governantes propostas e ações que viabilizem e aprofundem a prática do consumo consciente.

Disponível em: <www.akatu.org.br/Content/Akatu/Arquivos/file/NOV-AKATU-VALEq_4_Fold.pdf>.Acesso em: 29 mar. 2015. (Texto adaptado).

- Quais desses princípios você segue no seu dia a dia? Dê um exemplo.
- Você costuma reaproveitar embalagens de produtos para guardar seus objetos? Dê exemplos.
- Crie a sua lista de princípios do consumidor consciente. Lembre-se de explicar a importância para o meio ambiente de cada item que você criar.

Ideias em ação

Verificando a poluição do ar

A poluição do ar pode ser causada pela fumaça de fábricas e escapamentos de carros, caminhões e ônibus. O ar poluído é prejudicial à nossa saúde e à de outros animais.

Nam Y. Huh/AP Photo/Glow Images

Veja a seguir como verificar se o ar dos locais que você frequenta está poluído.

Material necessário

- 3 tampas de embalagem de margarina
- 3 etiquetas pequenas
- pincel
- lupa
- óleo de cozinha

Procedimentos

1. Em grupo e com o auxílio do professor, escolha três lugares diferentes, por exemplo: a sala de aula, o pátio da escola e um local próximo à entrada da escola. Em cada tampa, cole uma etiqueta com o nome do local onde ela será colocada.

Ilustra Cartoon/Arquivo da editora

2. Com o pincel, espalhe algumas gotas de óleo em cada tampa.

3. Coloque as tampas nos locais escolhidos, a aproximadamente 1 metro do nível do chão, longe de árvores ou muros, pois isso pode interferir nos resultados.

4. Após 1 hora, recolha as tampas e observe o óleo com a lupa.

Ilustra Cartoon/Arquivo da editora

Observação e conclusão

Agora, responda:

- O que vocês notaram?

....

....

....

....

....

- Em qual das tampas vocês perceberam maior quantidade de partículas?

....

....

....

- Por que isso aconteceu?

....

....

....

....

....

....

....

UNIDADE 2

Os vegetais

Ilustra Cartoon/Arquivo da editora

Vamos conversar?

- Você sabe como as plantas se alimentam?
- Quais são as diferenças entre os animais e os vegetais?

O que vou estudar?

- Os seres vivos
- Os vegetais
- As partes dos vegetais
- A reprodução dos vegetais
- A respiração e a alimentação dos vegetais
- Os vegetais e o ser humano

JARDIM BOTÂNICO

Capítulo 4

Os seres vivos

Os seres vivos distribuem-se por todas as regiões do planeta. Eles nascem, crescem, sofrem transformações ao longo de seu desenvolvimento, podem se reproduzir – isto é, são capazes de dar origem a seres semelhantes a eles – e, por fim, morrem.

Para se desenvolver e desempenhar todas as suas funções, os seres vivos precisam de alimentos, ar, água, luz e calor do Sol.

Observe o a tela abaixo e responda à questão a seguir.

Morro da Favela, de Tarsila do Amaral (1924).

- Quais são os seres vivos que aparecem nele?

....

....

Atividades

1 Observe a figura, identifique os seres vivos e circule-os.

Ilustra Cartoon/Arquivo da editora

- Explique qual é a diferença entre ser vivo e elemento não vivo.

....

....

....

2 Separe os seres vivos encontrados na ilustração acima, escrevendo o nome deles na coluna correta.

Animais	Plantas
....	....
....	....
....	....
....	....
....	....

3 No caderno, desenhe figuras de seres vivos e de elementos não vivos, criando um ambiente.

Capítulo 5

Conhecendo os vegetais

Existe uma grande diversidade de espécies de vegetais, também chamados de plantas, em nosso planeta.

Veja fotografias de algumas delas.

Estas plantas vivem na terra.

Cesar Diniz/Pulsar Imagens

plantas terrestres

Estas plantas vivem na água.

José Bassit/Pulsar Imagem

plantas aquáticas

Como você viu, as plantas podem ser encontradas no solo ou na água.

As plantas que vivem na terra retiram do solo e do ar certas substâncias de que necessitam para viver.

As plantas que vivem em rios, mares e lagos retiram essas substâncias da água.

Alguns vegetais vivem em lugares quentes, outros em lugares frios. Uns em lugares secos, outros em lugares úmidos.

Para sobreviverem em locais tão diferentes, as plantas possuem partes ou estruturas especiais.

Delfim Martins/Pulsar Imagens

Algumas árvores de regiões muito úmidas têm folhas em formato que permite o escoamento da água, evitando que ela se acumule.

Snapper 68/Shutterstock/Glow Images

Algumas plantas típicas de regiões muito alagadiças têm raízes aéreas, para poderem absorver oxigênio do ar.

Atividades

1 Escolha uma planta para observar. Pode ser de um vaso, de um jardim ou de um quintal. Desenhe essa planta no espaço abaixo. Depois, preencha a ficha contando como é a planta que você observou.

Ela é grande ou pequena? ....

Ela tem flores ou não? ....

Ela tem folhas longas ou curtas? ....

Ela vive no ambiente aquático ou terrestre? ....

O ser humano faz algum uso dela? Qual? ....

....

Por que ela é importante para o ambiente onde vive?

....

....

2 De onde os vegetais que vivem na terra retiram as substâncias de que necessitam para viver?

....

3 E os vegetais que vivem na água?

....

4 Observe a imagem abaixo: este é um vegetal que vive em ambientes muito secos. Depois, responda às questões, com a ajuda do professor.

A paineira também é chamada de "barriguda".

a) Por que o tronco desta árvore é "barrigudo"?

....

....

b) O que aconteceria se essa árvore não tivesse o tronco dessa forma?

....

Os vegetais têm história!

Antes do ser humano

No tempo dos dinossauros, as plantas eram muito diferentes. Algumas delas deixaram sua marca nas rochas: são os fósseis.

SPL/Glow Images

Fóssil de folhas de ginkgo biloba.

Com o ser humano

O papiro é uma planta que nasce à beira da água. Ele era utilizado como papel no Egito, há 6 mil anos.

A videira é cultivada há cerca de 5 mil anos. Com as uvas é feito o vinho.

SPL/Glow Images

Plantas de papiro.

As plantas. São Paulo: Ática, 1998. (Minha Primeira Enciclopédia Larousse). (Texto adaptado).

Capítulo 6

As partes do vegetal

Você sabe quais são as partes de uma planta? Sabe para que serve cada uma dessas partes?

A maioria dos vegetais que conhecemos possui raiz, caule, folhas, flores, frutos e sementes. Cada uma dessas partes exerce uma função.

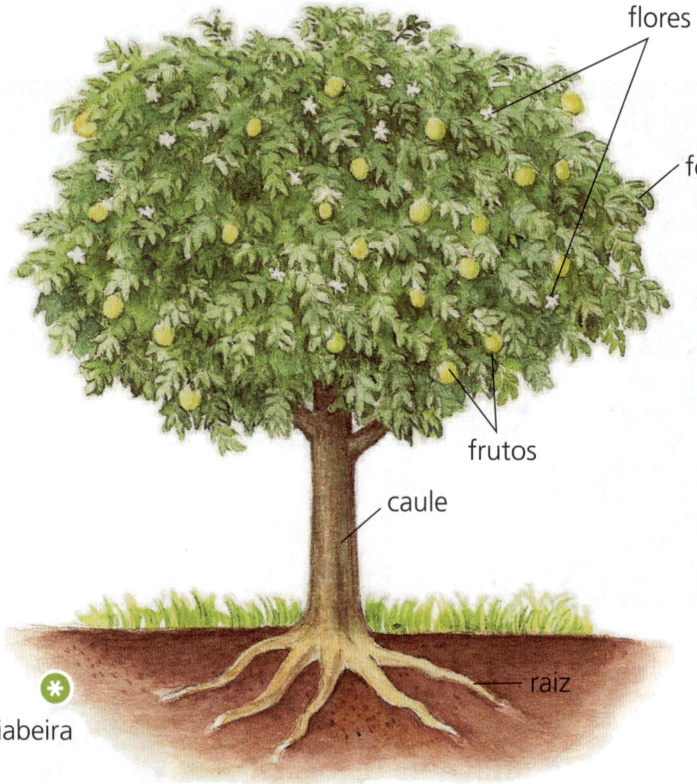

goiabeira

A **raiz** prende a planta no solo.

É também pela raiz que o vegetal absorve da terra a água e os minerais de que necessita para se desenvolver.

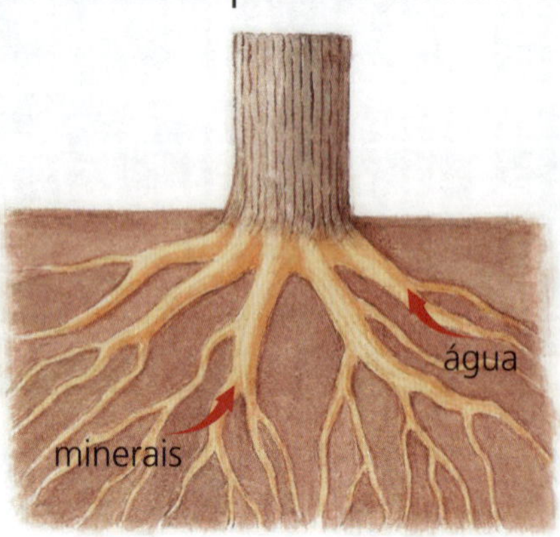

O **caule** conduz os nutrientes para todas as partes da planta e sustenta os ramos, as folhas e as flores.

Ilustrações: Ilustra Cartoon/Arquivo da editora

A **folha** tem como principal função produzir alimento para a planta.

A **flor** é responsável pela reprodução, isto é, dar origem a novas plantas. É a partir das flores que se formam os frutos.

flor de goiabeira

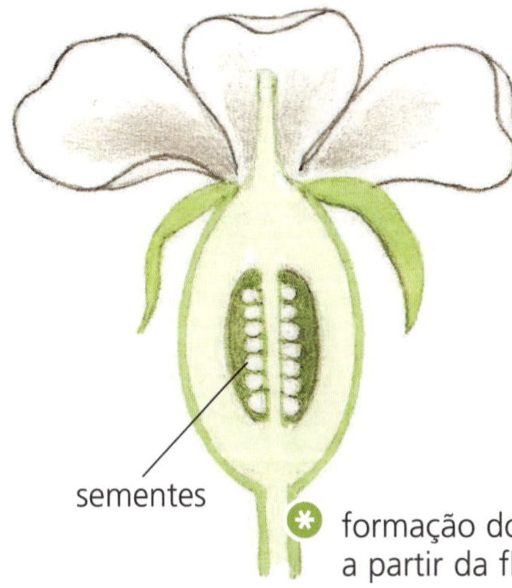

formação do fruto a partir da flor

Ilustrações: Ilustra Cartoon/Arquivo da editora

O **fruto** abriga e protege as **sementes**, que darão origem a novas plantas.

sta/Shutterstock/Glow Images

Existem plantas que não possuem todas essas partes, mas nem por isso deixam de realizar todas as funções necessárias à sua sobrevivência.

A samambaia, por exemplo, não possui flores, mas se reproduz. Nesse caso, a reprodução acontece por meio de esporos, encontrados em pequenos pontos escuros na parte de baixo das folhas, quando eles estão se desenvolvendo.

samambaia

Mary Terriberry/Shutterstock/Glow Images

Atividades

1 Descubra a figura que não faz parte de cada um dos grupos a seguir. Justifique sua escolha.

As imagens não estão em tamanho proporcional entre si.

Ilustrações: Hiroe Sasaki/Arquivo da editora

Ilustrações: Hiroe Sasaki/Arquivo da editora

2 Observe a cena e responda às questões.

Ilustra Cartoon/Arquivo da editora

a) O que as crianças de camiseta verde estão fazendo?

b) Que parte da planta foi colocada na terra?

c) O que você acha que as outras duas crianças estão fazendo?

Capítulo 7 Como nascem os vegetais

OED

A maioria dos vegetais nasce de sementes. Algumas plantas também podem se desenvolver a partir de um pedaço de caule ou de uma folha retirada de uma planta adulta.

Para crescer, um vegetal que vive na terra precisa de solo fértil, água, ar, luz e calor do Sol.

O desenvolvimento de uma semente até formar uma nova planta chama-se **germinação**.

Observe como ocorre a germinação do feijão.

A semente é plantada na terra.

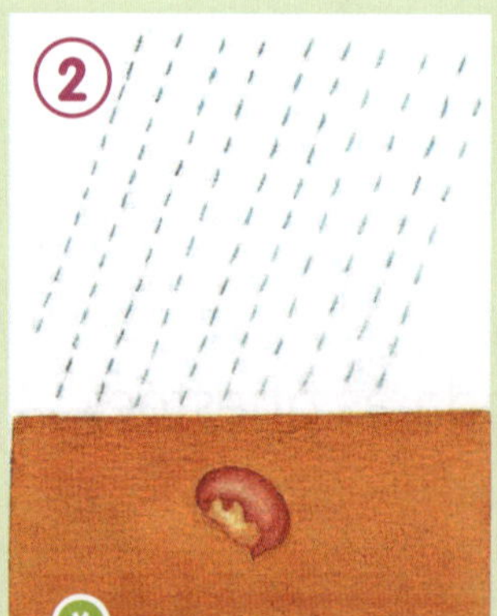

Depois de alguns dias na terra úmida, ela incha e arrebenta.

Surge um pequenino broto que se dirige para baixo: é a raiz.

Surge outro broto que se dirige para cima: é o caule.

Alguns dias depois, as duas primeiras folhas estão formadas.

Temos, então, uma plantinha de feijão.

Ilustrações: Ilustra Cartoon/Arquivo da editora

Como foi dito anteriormente, apesar de possuírem sementes para reprodução, alguns vegetais podem se desenvolver também a partir de uma muda, ou seja, um pedaço de caule, uma folha ou uma raiz.

Se retirarmos um pedaço do caule de uma roseira adulta, por exemplo, e o plantarmos em solo apropriado, ele criará raízes, crescerá e se transformará em uma nova roseira.

Marianna Raszkowska/Shutterstock/Glow Images

M. Wolf/Shutterstock/Glow Images

As rosas podem ser plantadas a partir do seu caule.

Veja outro exemplo de vegetal que pode se desenvolver a partir de mudas.

James L. Amos/Corbis/Latinstock/Glow Images

Thomaz Vita Neto/Pulsar Imagens

O abacaxi pode ser cultivado a partir da coroa.

Atividades

1 Responda com frases completas.

a) O que é germinação?

....

....

b) Se a terra estiver seca, a semente poderá nascer? Por quê?

....

....

2 Observe as figuras e complete as frases com as palavras do quadro a seguir.

reprodução	terra	caule	germinar

Ilustrações: Hiroe Sasaki/Arquivo da editora

a) A semente é plantada na ....

b) As sementes podem ....

c) Outras formas de .... das plantas são o brotamento do ...., das raízes ou das folhas.

Capítulo 8 Como se espalham as sementes

As plantas são seres vivos, mas não se locomovem. As sementes, no entanto, precisam ser espalhadas pelo ambiente, para que novas plantas cresçam em outros lugares. Como será que isso acontece?

Na natureza, há várias maneiras pelas quais as sementes são espalhadas. Observe estes exemplos.

As imagens não estão em tamanho proporcional entre si.

Kanusommer/Shutterstock/Glow Images

Os frutos do dente-de-leão, que carregam as sementes, são transportados pelo vento.

Kevin Schafer/Alamy/Other Images

O coco flutua na água e se espalha pelo ambiente.

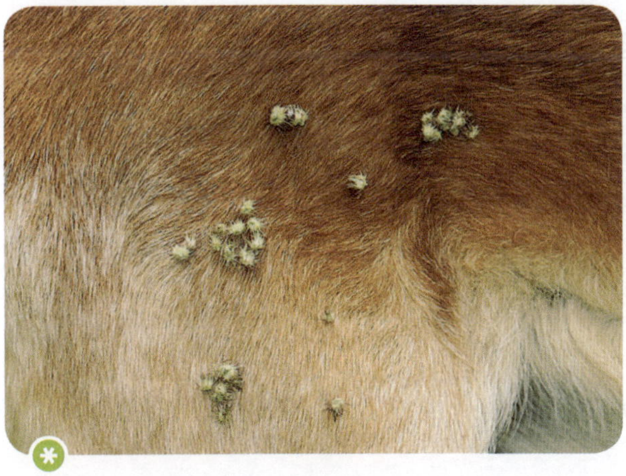

R-P/kino.com.br

O carrapicho fica grudado no pelo de animais, sendo levado para lugares distantes.

Matuiti Mayezo/Folhapress

Os frutos da mamoneira, quando secos, estouram, libertando as sementes para longe da planta.

É muito importante que as sementes se dispersem pelos lugares mais variados, pois isso garante que as espécies de plantas não se extingam.

Atividades

1 Observe a figura e responda:

- O que você acha que vai acontecer?

....

....

....

....

....

Urucum se abrindo para soltar as sementes.

2 Você sabia que o morcego também ajuda a espalhar as sementes pelo ambiente? Leia o texto a seguir e descubra por que isso acontece.

Quem mata morcego desmata!

Os morcegos comedores de frutas, ou frugívoros, alimentam-se das frutas e devolvem suas sementes ao ambiente. Muitas vezes levam essas sementes para locais muito distantes e de difícil acesso.

Portanto, muitos morcegos são colaboradores na formação das florestas e matas. Além disso, ajudam na reprodução de mais de 500 espécies de plantas, pois visitam as flores na busca de alimento e transportam o pólen de flor em flor, como fazem os beija-flores e diversos insetos.

- Você concorda com a afirmação de que "quem mata morcego desmata"? Por quê?

....

....

....

3 Você conhece animais polinizadores? Os animais polinizadores são muito importantes para a reprodução e a sobrevivência de diversos tipos de vegetais. Mas por quê?

a) Tente explicar com suas palavras por que eles são tão importantes.

b) Escreva o nome de cada um dos animais polinizadores abaixo. Em seguida, escolha um desses animais e explique como ele poliniza a planta.

Michael & Patricia Fogden/Minden/Latinstock

Irina Konstantinova/Shutterstock/Glow Images

Daniel Prudek/Shutterstock/Glow Images

Denis Tabler/Shutterstock/Glow Images

Kim Taylor/Nature/Other Images

O tema é...

Desmatamento

luoman/Getty Images

Vista parcial da Floresta Amazônica, com grande área desmatada.

Você já sabe da importância das plantas para a manutenção da vida no planeta Terra. Além disso, um dos problemas mais sérios que a Terra enfrenta são os desmatamentos que ocorrem nas florestas. Eles contribuem para a extinção de plantas e animais e agravam os problemas relativos ao clima do planeta.

- Em grupo, pesquisem os motivos dos desmatamentos na Floresta Amazônica e quais são as consequências desses desmatamentos para o planeta Terra.

Desmatamento no Brasil

Você sabia que o Brasil é o segundo país do mundo com a maior área de florestas? Mas isso não quer dizer que não temos problemas com o desmatamento! Pelo contrário, ano após ano, as áreas verdes do Brasil vêm sofrendo desmatamentos ilegais, que colocam em risco a população do mundo todo.

O desmatamento no Brasil ocorre principalmente para a prática da atividade agropecuária. Porém, a construção de estradas, hidrelétricas, mineração e o processo intensivo de urbanização contribuem significativamente para a redução das matas.

[...]

A Mata Atlântica perdeu aproximadamente 93% da sua cobertura vegetal, restando apenas 7%. Do território brasileiro, 15% era ocupado pela Mata Atlântica. Hoje é considerada a quinta área mais ameaçada do planeta.

[...]

Disponível em: <www.mundoeducacao.com/geografia/desmatamento-no-brasil.htm>. Acesso em: 15 maio 2015.

A Mata Atlântica é um dos principais biomas do Brasil.

Imago/Keystone Brasil

Áreas de Preservação Permanente

Segundo o atual Código Florestal, uma APP (Área de Preservação Permanente) é uma [...] área protegida, coberta ou não por vegetação nativa, com a função ambiental de preservar os recursos hídricos, a paisagem, a estabilidade geológica e a biodiversidade, facilitar o fluxo gênico de fauna e flora, proteger o solo e assegurar o bem-estar das populações humanas [...].

Essas áreas visam garantir o direito dos brasileiros a um meio ambiente ecologicamente equilibrado. As APPs são áreas naturais intocáveis, onde não existe a mínima possibilidade de exploração econômica por parte do ser humano. Além de garantir aos brasileiros o direito de ter um meio ambiente equilibrado, as APPs também são uma forma de proteger o que ainda resta de floresta em nosso país.

Disponível em: <www.oeco.org.br/dicionario-ambiental/27468-o-que-e-uma-area-de-preservacao-permanente>. Acesso em: 29 mar. 2015. (Texto adaptado).

- Na região onde você mora há algum exemplo de floresta ou área verde que tenha sido desmatada? Pesquise e descubra quais foram as causas do desmatamento. Pesquise também se há alguma APP. Anote no caderno o que você descobriu.
- Em grupos, pesquisem sobre os principais problemas que o mundo pode enfrentar caso as florestas continuem sendo desmatadas.

Capítulo 9

Como as plantas se alimentam e respiram

Fotossíntese

Os vegetais fabricam o próprio alimento. Você já pensou em como isso acontece?

As plantas realizam um processo que os animais (incluindo o ser humano) não são capazes de realizar: elas produzem o alimento de que precisam para se manter vivas. Esse processo chama-se **fotossíntese**.

Para realizar a fotossíntese, as plantas precisam do gás carbônico do ar, da luz do Sol, da água que as raízes retiram do solo e da clorofila (uma substância verde presente nas plantas).

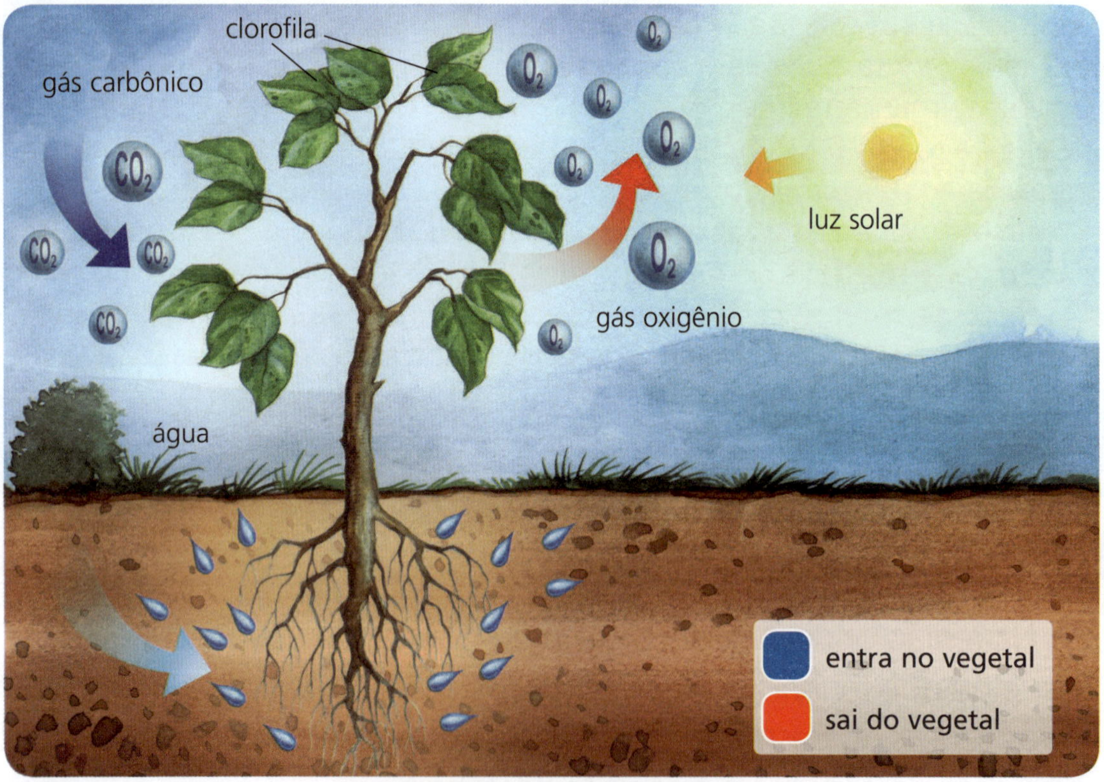

A fotossíntese ocorre nas partes verdes do vegetal, que são aquelas que têm clorofila: folhas, ramos ou talos. Nesse processo, as plantas absorvem o gás carbônico do ar e liberam o oxigênio.

A fotossíntese, além de ser fundamental para as plantas, é importante para nós e para os outros animais. É ela que ajuda a repor o oxigênio do ar utilizado na respiração da maioria dos seres vivos, e sem o qual não podemos viver.

Existe um grupo de plantas que pode complementar suas necessidades alimentando-se de animais. São as plantas carnívoras. Elas se alimentam, em sua maioria, de pequenos insetos.

Saiba mais

Plantas carnívoras

As plantas carnívoras formam um grupo de aproximadamente quatrocentas espécies vegetais capazes de se alimentar de animais. Para capturar as presas, usam engenhosas armadilhas, feitas de folhas especiais. As presas, depois de imobilizadas, sofrem a ação de enzimas digestivas ou de bactérias, que decompõem o animal capturado para que a planta possa se alimentar dele.

A maioria das plantas carnívoras também faz fotossíntese. Assim, elas não são sustentadas só pela dieta animal.

Fabio Colombini

CD Nova Enciclopédia Barsa. São Paulo: Barsa Planeta Internacional Ltda., 2002. (Texto adaptado).

Respiração

Você já sabe que, assim como os animais, as plantas nascem, crescem, desenvolvem-se, podem se reproduzir e morrem, pois elas também são seres vivos. Mas você sabia que, do mesmo modo que os animais, as plantas também precisam respirar?

Os vegetais, como a maioria dos seres vivos, ficam o tempo todo absorvendo gás oxigênio e liberando gás carbônico para a atmosfera. Esse processo é chamado de **respiração**.

Esse processo ocorre principalmente nas folhas, mas pode ocorrer em todas as partes do vegetal.

A fotossíntese só acontece durante o dia, pois é necessário que haja luz. Já a respiração acontece o tempo inteiro. Assim como nós, humanos, as plantas nunca param de respirar enquanto estão vivas.

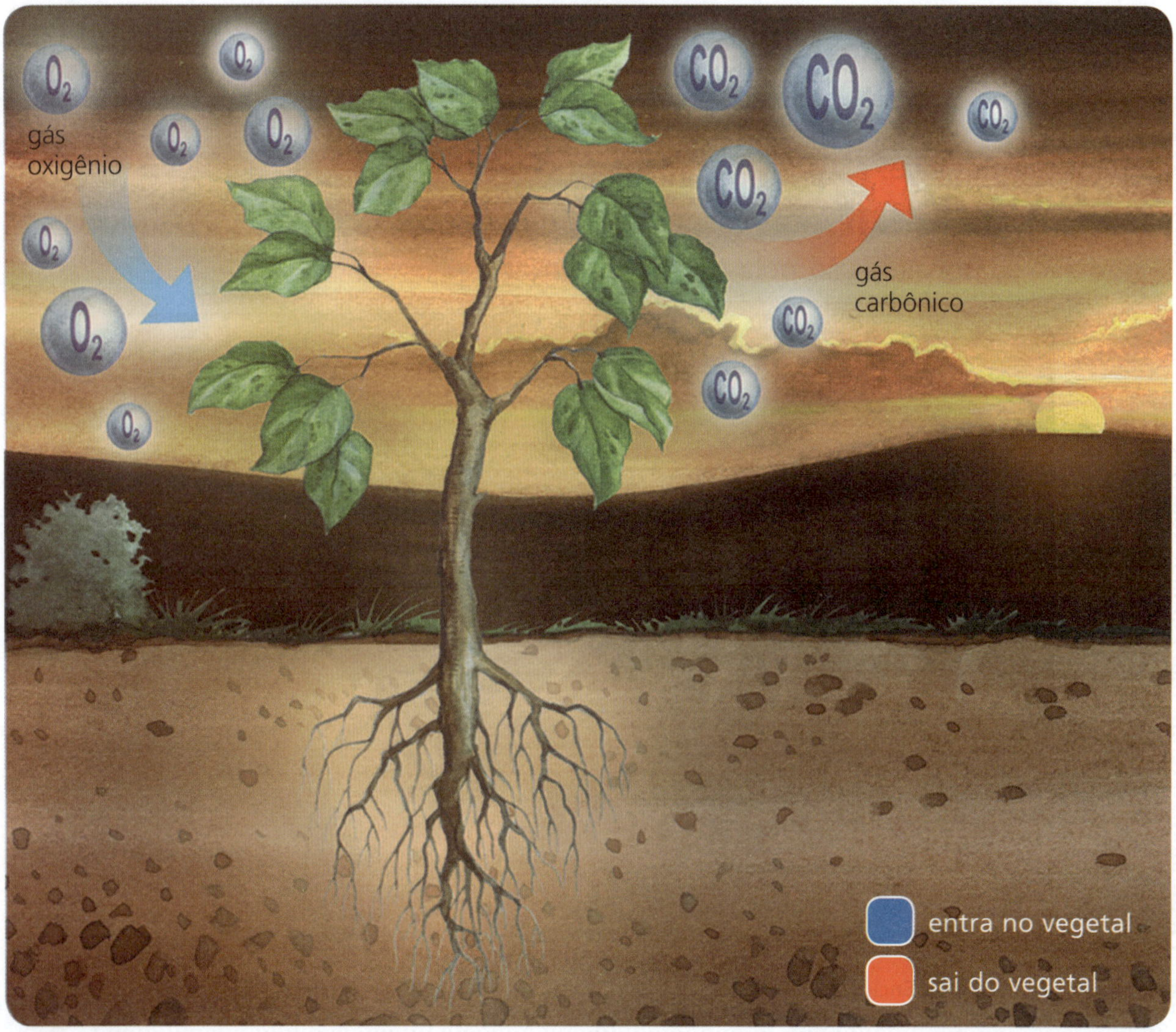

J. Rodrigues/Arquivo da editora

Atividades

1 Observe a figura e complete o texto com as palavras do quadro.

gás carbônico	fotossíntese	clorofila	oxigênio	luz

O processo de produção de alimentos pelas plantas, na presença de luz, é chamado .... Para realizá-lo, as plantas utilizam .... do ar, a ...., a água e a ....

Durante a fotossíntese, as plantas soltam .... no ar.

2 Marque com um **X** as informações corretas.

◯ Durante a respiração, as plantas retiram oxigênio do ar.

◯ Durante a fotossíntese, as plantas retiram gás carbônico do ar.

◯ As plantas respiram somente durante o dia.

◯ Durante a fotossíntese, as plantas liberam gás carbônico.

3 Responda.

a) De que as plantas necessitam para produzir seu alimento?

....

b) Em que partes da planta ocorre a produção de alimento?

....

....

c) O que é a fotossíntese?

....

....

d) Qual é a substância responsável pela cor verde das folhas?

....

4 Você aprendeu que, durante o processo de fotossíntese, ocorre a produção de oxigênio, que é liberado para o ar. Em grupo e com o auxílio do professor, façam a experiência abaixo, para provar que as plantas produzem oxigênio.

Material necessário

- 1 pirex transparente
- 1 vidro grande transparente (por exemplo, de maionese)
- algumas plantas aquáticas (pinheirinho-d'água, jiboia)
- água

Coloquem água no pirex. Ponham as plantas nessa água. Encham o vidro com água e, virando-o de cabeça para baixo, coloquem-no sobre as plantas, cobrindo-as (observem as ilustrações).

Deixem essa "montagem" num lugar ensolarado por algumas horas e observem-na de vez em quando.

Ilustrações: Ilustra Cartoon/Arquivo da editora

- O que vocês observaram? O que significa isso? Troquem ideias no grupo e, depois, cada um faz o registro no caderno, individualmente.

Capítulo 10

Nós dependemos das plantas

Você já parou para pensar na presença e na importância dos vegetais na vida dos seres vivos?

São muitas as plantas utilizadas por nós e por outros animais:

- na alimentação

As imagens não estão em tamanho proporcional entre si.

Raízes

cenoura
Delfim Martins/Pulsar Imagens

beterraba
Denis e Yulia Pogostins/Shutterstock/Glow Images

Caules

batata
Delfim Martins/Pulsar Imagens

palmito
Zaida Siqueira/Olhar Imagem

Flores

brócolis
Norman Chan/Shutterstock/Glow Images

alcachofra
Jokerpro/Shutterstock/Glow Images

Frutos

banana
M. Rutherford/Shutterstock/Glow Images

laranja
Robin W./Shutterstock/Glow Images

Folhas

espinafre
Karin Hildebrand/Shutterstock/Glow Images

cebola
Anan Kaewkhammul/Shutterstock/Glow Images

Sementes

amendoim
Newton Barbosa/Folhapress

feijão
Stefan Fierros/Shutterstock/Glow Images

- na indústria

Muitas plantas são utilizadas pelos seres humanos na fabricação de móveis, remédios, borracha, álcool, entre outros itens.

Madeira e papel	Fios para tecidos
 Arteki/Shutterstock/Glow Images eucalipto	 Gonul Kokal/Shutterstock/Glow Images algodão
Látex para a produção da borracha	**Essências para sabonetes, perfumes e outros**
 Thomaz Vita Neto/Pulsar Imagens seringueira	 Olga Lipatova/Shutterstock/Glow Images jasmim

- nos remédios

Fabio Colombini
boldo

Skowron/Shutterstock/Glow Images
hortelã

As imagens não estão em tamanho proporcional entre si.

Algumas partes de vegetais são transformadas pelo ser humano em produtos alimentícios bem diferentes de como era o vegetal originalmente. Por exemplo, a partir do grão de milho produz-se o fubá e o óleo.

Vaclav Volrab/Shutterstock/Glow Images

Sergio Dotta Jr./Arquivo da editora

As plantas são muito importantes para o ambiente. Quando matas ou florestas são derrubadas ou queimadas, o que fica em risco não é apenas a sobrevivência de algumas espécies de vegetais, mas o próprio equilíbrio da natureza.

Veja esta foto.

Delfim Martins/Pulsar Imagens

Queimada na Floresta Nacional de Tapajós, em Belterra (PA), 2014.

Ela mostra um ambiente em que ocorreram desmatamentos e queimadas. Com isso, não só as plantas foram destruídas. Os animais que aí viviam morreram ou tiveram de fugir para outro lugar em busca de abrigo e alimentos.

Nesse ambiente, também foram eliminados os seres vivos microscópicos que viviam no solo. Tudo o que tinha vida praticamente desapareceu. Dificilmente esse ambiente poderá se recuperar sozinho.

Saiba mais

Plantas perigosas

Fabio Colombini

comigo-ninguém-pode

Nem todas as plantas podem servir de alimento ou mesmo serem tocadas.

Há plantas, como a urtiga, que, se tocadas, provocam coceira e irritação na pele.

Outras, como a comigo-ninguém-pode, são venenosas. Quem por descuido mastigar o talo (haste) dessa planta pode até morrer. Por isso, tenha muito cuidado e não ponha plantas na boca sem conhecê-las!

Atividades

1 Escreva o nome dos vegetais do quadro abaixo nas colunas corretas.

palmito   cana-de-açúcar   mandioca   cenoura   tomate   maçã

Frutos	Caules	Raízes
....	....	....
....	....	....

2 Responda:

a) Quais são as frutas que você costuma comer em sua casa?

....

....

b) Quais plantas e partes delas são geralmente utilizadas como alimento em sua casa?

....

....

3 Há uma infinidade de sucos, chás e refrigerantes que são provenientes de plantas. Descubra o nome de algumas dessas plantas e escreva.

- Sucos:

....

- Chás:

....

- Refrigerantes:

....

4 Ligue os vegetais ao tipo de uso que fazemos deles.

As imagens não estão em tamanho proporcional entre si.

Thien Eu/Shutterstock/Glow Images

John Glover/Alamy/Other Images

Larry Korb/Shutterstock/Glow Images

X-etra/Shutterstock/Glow Images

Zhuda/Shutterstock/Glow Images

Norman Chan/Shutterstock/Glow Images

Sua folha é usada para fazer remédio.

Fruto usado para fazer chocolate.

Fornece látex para fazer borracha.

Raiz usada como alimento.

Fornece fios para fazer tecidos.

Fornece essência, ou seja, óleo aromático para fazer perfume.

5 Usando recortes de revistas ou desenhos, faça uma montagem no espaço abaixo, mostrando como os vegetais são importantes.

6 Responda:

a) Onde você mora existe um espaço para criação de plantas?

....

b) Se sua resposta foi sim, que tipos de plantas existem no espaço?

....

c) Se você pudesse ter a sua própria horta ou jardim, o que plantaria?

....

Ideias em ação

Terrário

Você sabia que é possível criar ambiente dentro de uma garrafa? Agora você vai aprender a construir um terrário.

Material necessário

- 1 par de luvas
- 1 garrafa PET grande
- areia
- terra vegetal
- pedrinhas ou cascalho
- carvão vegetal triturado
- mudas pequenas de plantas, como musgos, avencas, samambaias
- pequenos animais, como caramujos, minhocas, joaninhas, tatus-bola
- filme plástico e elástico ou fita adesiva para fechar o terrário
- ferramentas de jardinagem para plantio das mudas
- 1 lupa

Procedimentos

1. Vista as luvas. Coloque no recipiente, nesta ordem: as pedrinhas, o carvão, a areia e a terra formando camadas bem niveladas.

Ilustrações: Vicente Mendonça/Arquivo da editora

2. Na última camada (terra), faça pequenos buracos e plante as mudas.

3. Coloque os animais.

Ilustrações: Vicente Mendonça/Arquivo da editora

4. Molhe a terra com um pouco de água (sem encharcá-la), cubra o recipiente com o plástico, passe o elástico ou a fita adesiva em volta para ficar bem vedado.

5. Ponha o recipiente em um lugar que receba luz solar indireta.

Observação e conclusão

- Observe diariamente o terrário, explorando seus elementos, como os seres se desenvolvem, as alterações que ocorrem no ambiente, etc. Faça registros em seu caderno.
- Compare suas hipóteses iniciais com o que você observou e pesquisou. Suas hipóteses foram confirmadas?

UNIDADE

3 Os animais

Vamos conversar?

- Você sabe do que os animais precisam para sobreviver?
- Quais são os ambientes em que a vida animal é possível?

O que vou estudar?

- Classificação dos animais
- Como nascem e se desenvolvem os animais
- A importância dos animais em nossa vida

Ilustra Cartoon/Arquivo da editora

Capítulo 11

Conhecendo os animais

Você já aprendeu que seres vivos são aqueles que nascem, alimentam-se, podem se reproduzir e morrem. Já sabe também que ambientes são espaços formados por água, ar, solo, luz do Sol, plantas e animais.

Observe a variedade de animais representada na obra de arte a seguir. Você reconhece algum?

Yara, a rainha das águas, de Walde-Mar de Andrade e Silva.

Yara, a rainha das águas, de Walde-Mar de Andrade e Silva.

Uma enorme quantidade deles vive na terra, como cachorro, gato, macaco, tamanduá, leão, onça, galinha, passarinhos, cobra, tatu, joaninha, gafanhoto e tantos outros.

Fabio Colombini/Acervo do fotógrafo

lobo-guará

Na água doce dos rios, lagos, lagoas e riachos e na água salgada dos oceanos e mares também vive uma infinidade de diferentes animais: peixes, caramujos, camarões, lagostas, tartarugas, baleias, estrelas-do-mar, etc.

A Cotton/Shutterstock/Glow Images

tubarão-tigre

Há animais que nascem e vivem algum tempo na água. Ao se tornarem adultos, passam a viver na terra. Na época de pôr ovos e se reproduzir, eles voltam à água. É o caso de sapos, rãs e pererecas.

Claus Meyer/Tyba

perereca

Certos animais, como as lesmas e as minhocas, vivem em lugares úmidos e com sombra.

Outros, como o preá e alguns tipos de lagartos, vivem em lugares muito quentes. Outros, ainda, como o urso-polar e o pinguim, vivem em lugares muito frios.

Fabio Colombini/Acervo do fotógrafo

minhoca

Juniors Bildarchiv/Glow Images

preá

PhotoDisc

pinguins

Em seu ambiente natural, cada animal encontra alimento para viver e parceiro e lugar adequados para se reproduzir.

Saiba mais

Um peixe que viaja

Os salmões são um tipo muito interessante de peixe. Eles nascem nos rios, onde ficam até se tornarem adultos. Depois, nadam em direção ao mar.

Todos os anos, porém, na época de se reproduzir, eles voltam para o mesmo rio onde nasceram. É aí que a fêmea desova e nascem os novos salmõezinhos!

Natalie Fobes/Corbis/Latinstock

Atividades

1 Observe os animais da figura e agrupe-os na coluna correta:

José Rodrigues/Arquivo da editora

Vivem no solo	Vivem na água
....	....
....	....
....	....

2 Cole no espaço abaixo figuras de dois animais e escreva o nome deles. Depois, pesquise onde eles vivem e de que se alimentam.

Animal	Em que ambiente vive	De que ele se alimenta
	....	....
	....	....

3 Pense em um animal que você conhece. Como ele é? Onde vive? Conte para os colegas e depois escreva no caderno.

Ilustra Cartoon/Arquivo da editora

4 Leia.

> No quintal de minha casa, há uma grande árvore. Outro dia, observando bem, descobri que é lá que mora um lindo pardal que todas as manhãs pousa na janela.

- Você costuma ver animais em sua casa, nas ruas ou em jardins? Procure saber o nome desses animais e onde vivem. Escolha dois deles, faça o desenho de cada um e escreva o nome e o lugar onde vivem.

Nome: .... Lugar onde vive:	Desenho do animal
Nome: .... Lugar onde vive:	Desenho do animal

Capítulo 12

Classificação dos animais

De acordo com suas características, os animais podem ser divididos em dois grandes grupos: o dos vertebrados e o dos invertebrados.

Animais vertebrados

Os **vertebrados** são animais que possuem coluna vertebral. Veja alguns exemplos.

As imagens não estão em tamanhos proporcionais entre si.

Apinan/Shutterstock/Glow Images

peixe-betta

Milton Shirata/Arquivo da editora

cascavel

bikeriderlondon/Shutterstock/Glow Images

ser humano

A coluna vertebral é o que sustenta o corpo dos animais vertebrados. Ela é formada por um conjunto de ossos, as vértebras.

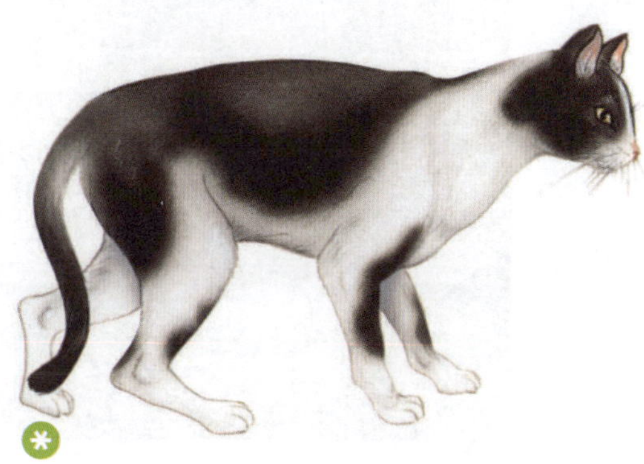

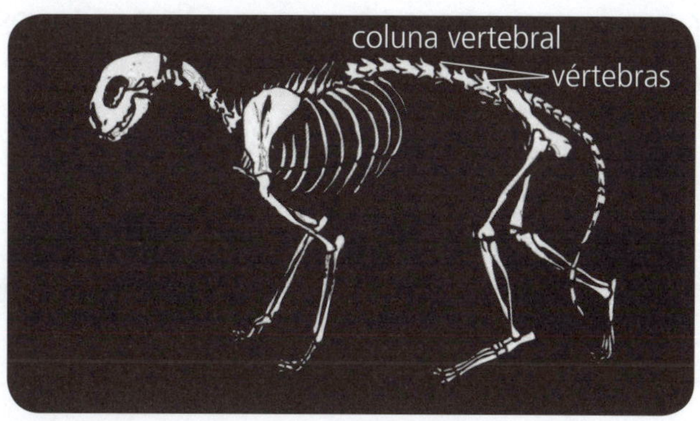

Ilustrações: Osni de Oliveira/Arquivo da editora

O gato é um animal vertebrado. Assim como nós, seres humanos, possui uma estrutura óssea dentro dele, que não pode ser vista, mas pode ser sentida. Ele possui coluna vertebral, que é formada por vértebras.

Embora todos tenham coluna vertebral, os vertebrados são bastante diferentes entre si. Eles são divididos em cinco grupos: mamíferos, aves, répteis, anfíbios e peixes.

Mamíferos

São animais que nascem da barriga da mãe, mamam quando pequenos e, em geral, têm o corpo coberto de pelos.

O cachorro, o gato, o boi, o cavalo e o ser humano são alguns exemplos de mamíferos.

O morcego é o único mamífero que voa. A baleia, o golfinho, o boto e o peixe-boi são exemplos de mamíferos que vivem na água.

Nascem da barriga da mãe.	Mamam quando pequenos.	Têm o corpo coberto de pelos.	Vivem na terra ou na água.

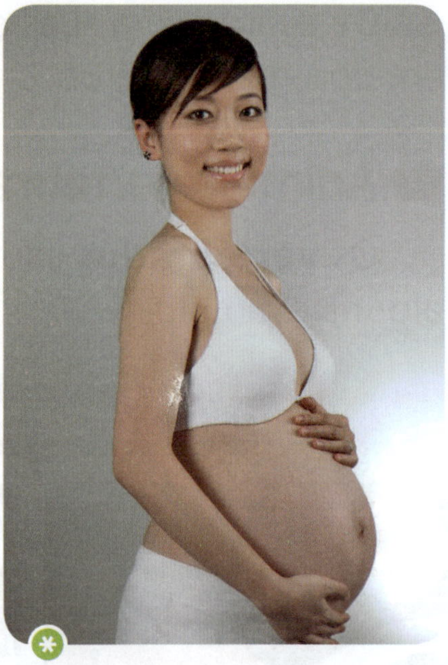

View Stock/Alamy/Other Images

O bebê humano é formado dentro da barriga da mãe.

Aves

São animais que nascem de ovos e se desenvolvem fora do corpo da mãe. Eles têm o corpo coberto de penas.

As aves possuem bico, duas asas e dois pés. A maioria pode voar. Os pássaros, o pato e a galinha são exemplos de aves.

Nascem de ovos.	Possuem bico.	Têm o corpo coberto de penas.	A maioria vive na terra.

cynoclub

A galinha põe ovos, dentro dos quais se desenvolvem os seus filhotes.

Répteis

São animais que em geral nascem de ovos e, na maioria das vezes, desenvolvem-se fora do corpo da mãe. Geralmente têm o corpo coberto de escamas, placas duras ou carapaças.

Os répteis reproduzem-se no ambiente terrestre. Entre eles podemos citar a lagartixa, o jacaré, a tartaruga e a cobra.

A cobra se reproduz em ambientes terrestres.

Nascem de ovos.	Têm o corpo coberto de escamas ou placas.	Vivem na terra ou na água.

Anfíbios

São animais que nascem de ovos e se desenvolvem fora do corpo da mãe. Eles têm a pele fria e úmida. Os anfíbios nascem na água e, depois de adultos, permanecem a maior parte do tempo na terra.

Exemplos de anfíbios: o sapo, a perereca e a salamandra.

A salamandra põe ovos na água, mas vive boa parte do tempo no solo.

Nascem de ovos.	Nascem na água.	Têm a pele fria e úmida.	Vivem na terra e na água.

Peixes

São animais que nascem de ovos, e grande parte deles desenvolve-se fora do corpo da mãe. A maioria tem o corpo coberto de escamas.

Os peixes só podem viver na água. Eles se locomovem por meio de nadadeiras.

A sardinha, o badejo e a raia são alguns exemplos de peixes.

Nascem de ovos.	Têm o corpo coberto de escamas.	Vivem na água.

Existem peixes, como o tubarão, que possuem esqueleto composto de cartilagem, e não de ossos.

Alexis Rosenfeld/SPL/Latinstock

O badejo vive no oceano sozinho ou em pequenos grupos.

Stubblefield Photography/Shutterstock/Glow Images

badejo tubarão

Saiba mais

Qual é o animal mais raro que existe?

Acredita-se que seja o jabuti da espécie Abingdon. Só se conhece um único macho dessa espécie, que vive no Arquipélago de Galápagos, no oceano Pacífico. Por isso, ele até ganhou o apelido de George Solitário. Os cientistas acham que esse animal pode viver por mais um século e talvez nesse tempo seja localizada alguma fêmea para que ele possa se reproduzir e a espécie não desapareça.

Revista **Recreio**. São Paulo: Abril, n. 236, ano 5, p. 5, 16 set. 2004. (Texto adaptado).

Pete Oxford/Minden/Latinstock

Animais invertebrados

Os **invertebrados** são animais que não possuem coluna vertebral.

estrela-do-mar

caranguejo

Mas se vimos que a coluna vertebral existe para sustentar o corpo dos animais, como os invertebrados conseguem ficar em pé?

Observe que todos eles: ou são muito pequenos, e, logo, não precisam de esqueleto, ou têm o corpo mole, o que, no entanto, não atrapalha sua sobrevivência.

Os invertebrados também se dividem em vários grupos. Dentre eles, os mais numerosos são os **insetos**.

Veja alguns exemplos de insetos:

borboleta

louva-a-deus

Saiba mais

O corpo dos insetos...

Os insetos, entre outras coisas, têm em comum a existência de um esqueleto externo, formado por quitina (um material resistente e impermeável). Todos os insetos também têm o corpo dividido em três partes: cabeça, tórax e abdome. Veja o corpo de uma abelha.

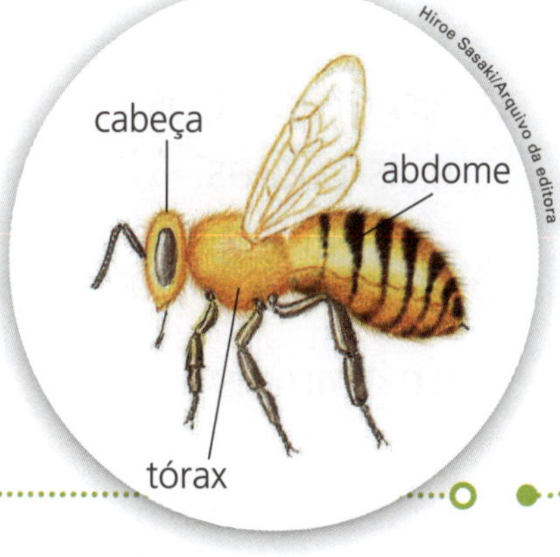

Atividades

1 Responda:

a) Como são chamados os animais que têm coluna vertebral? Dê dois exemplos.

....

....

....

b) O que são animais invertebrados? Dê dois exemplos.

....

....

....

2 Complete as frases com as palavras do quadro.

peixes	terrestre	asas	aves
vértebras	invertebrados	répteis	voar

a) A maioria dos mamíferos é ...., como os seres humanos, os cães, os gatos e os elefantes.

b) As .... têm o corpo coberto de penas. Elas possuem .... e a maioria pode ....

c) No grupo dos .... incluem-se animais como os crocodilos e as cobras.

d) O escorpião, o siri, a mosca, o camarão e a aranha são exemplos de animais .... Esses animais não têm ....

e) Os .... vivem em ambiente aquático.

3 Leia as frases e responda Sim ou Não.

a) Os animais invertebrados têm coluna vertebral?

b) O camarão é um invertebrado que vive na água?

c) A mosca é um inseto?

4 Classifique os animais de acordo com os grupos.

réptil anfíbio peixe ave mamífero

Carl Britton/Shutterstock/Glow Images

Luciano Candisani/Minden/Latinstock

Fabio Colombini

Tomas Sereda/Shutterstock/Glow Images

Dmitriy Shironosov/Shutterstock/Glow Images

5 Escreva o nome de um animal de cada grupo.

Mamífero	Ave	Réptil	Anfíbio	Peixe

Vida no mar

Ilustra Cartoon/
Arquivo da editora

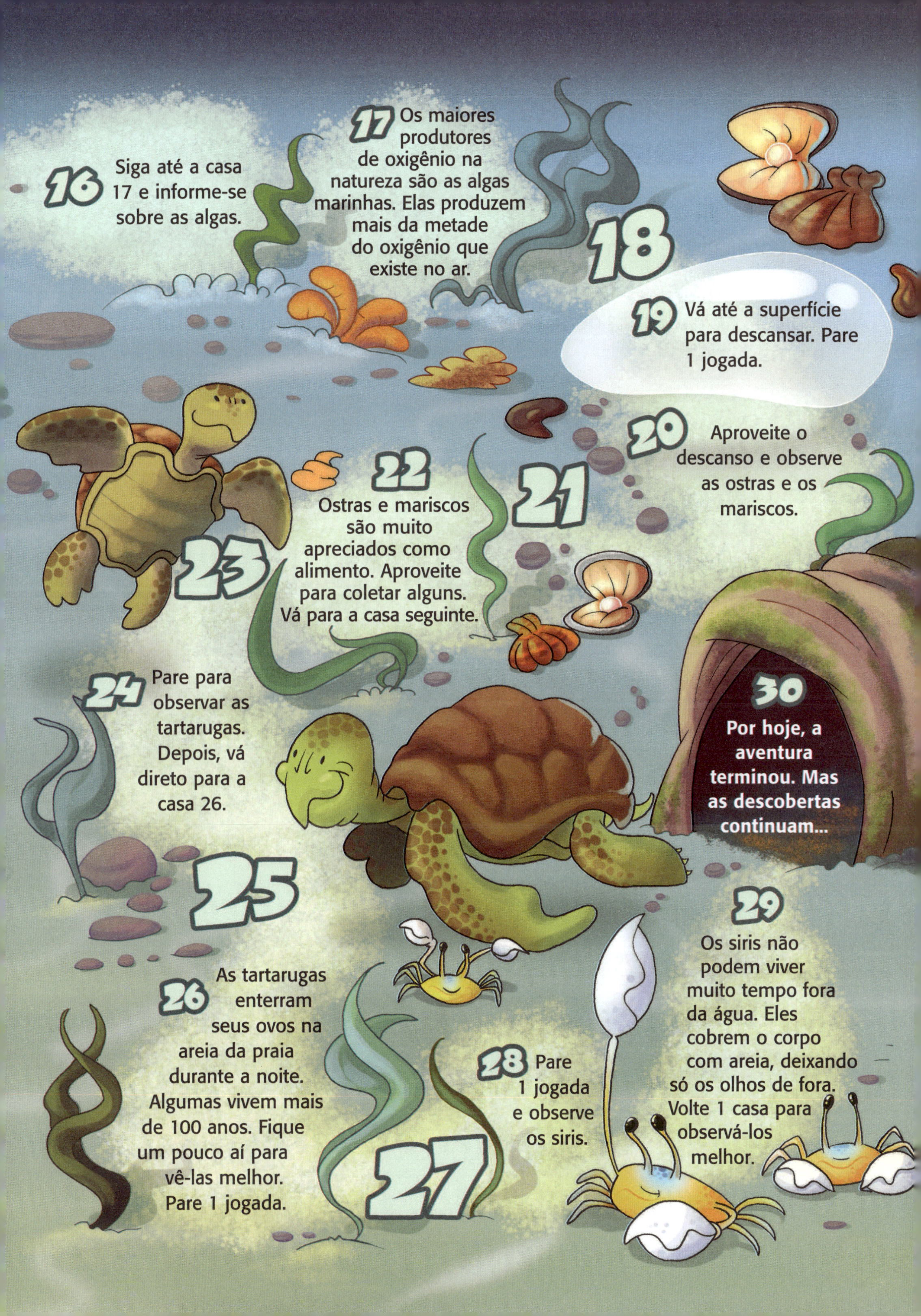
16 Siga até a casa 17 e informe-se sobre as algas.
17 Os maiores produtores de oxigênio na natureza são as algas marinhas. Elas produzem mais da metade do oxigênio que existe no ar.
18
19 Vá até a superfície para descansar. Pare 1 jogada.
20 Aproveite o descanso e observe as ostras e os mariscos.
21
22 Ostras e mariscos são muito apreciados como alimento. Aproveite para coletar alguns. Vá para a casa seguinte.
23
24 Pare para observar as tartarugas. Depois, vá direto para a casa 26.
25
26 As tartarugas enterram seus ovos na areia da praia durante a noite. Algumas vivem mais de 100 anos. Fique um pouco aí para vê-las melhor. Pare 1 jogada.
27
28 Pare 1 jogada e observe os siris.
29 Os siris não podem viver muito tempo fora da água. Eles cobrem o corpo com areia, deixando só os olhos de fora. Volte 1 casa para observá-los melhor.
30 Por hoje, a aventura terminou. Mas as descobertas continuam...

Capítulo 13

Como nascem e se desenvolvem os animais

Você já viu algum animal nascer? Conte aos colegas onde e como foi.

Os animais, como todos os seres vivos, têm a capacidade de se reproduzir. Para isso, geralmente, é necessário o encontro de um macho e uma fêmea.

As imagens não estão em tamanhos proporcionais entre si.

George Lamson/Shutterstock/Glow Images

Guepardo fêmea com seus filhotes,

Muitos animais, como as aves e a maioria dos répteis, nascem de ovos.

M. Timothy O'Keefe/Alamy/Glow Images

Filhotinho de avestruz saindo do ovo.

Johan Swanepoel/Alamy/Glow Images

Avestruz adulto

Saiba mais

Corrida de ovos

Dentre os anfíbios, a fêmea que mais bota ovos é a da espécie sapo-cururu: ela coloca até 120 ovos por dia.

Já entre os vertebrados, a grande campeã é a fêmea da espécie peixe-lua: ela põe em média 820 ovos por dia.

Disponível em: <http://planetasustentavel.abril.com.br/planetinha/bichos/qual-animal-mais-bota-ovos-595424.shtml>. Acesso em: 25 fev. 2015. (Texto adaptado).

Richard Herrmann/Minden/Latinstock

peixe-lua

A maior parte dos mamíferos, como o ser humano, a capivara e o peixe-boi, desenvolve-se dentro da barriga da mãe até o nascimento. Os filhotes dos animais mamíferos mamam enquanto são pequenos.

Jeff Foott/Discovery Channel Images/Getty Images

Ao longo de seu desenvolvimento, o corpo dos animais sofre modificações.

Veja como este pintinho foi crescendo e se modificando até tornar-se um animal adulto.

Ilustrações: Hiroe Sasaki/Arquivo da editora

Existem animais, como o sapo e a borboleta, cujo corpo passa por transformações muito profundas antes de se tornarem adultos. Esses animais sofrem metamorfose. Eles vivem, durante algum tempo, a fase de larva. Veja:

Ciclo de desenvolvimento do sapo

Ciclo de desenvolvimento da borboleta

Ilustrações: Hiroe Sasaki/Arquivo da editora

As imagens não estão em tamanhos proporcionais entre si.

Atividades

1 Descreva como nascem os mamíferos e as aves. Dê exemplos desses tipos de animais.

a) Mamíferos:

....

....

....

b) Aves:

....

....

....

2 Escolha um animal que você conhece e que não foi visto neste capítulo. Desenhe-o abaixo, mostrando os diferentes momentos de vida dele.

Nascimento →	Filhote →	Adulto

3 Circule, em cada quadro, o animal que nasce de modo diferente dos demais.

galo cachorro macaco gato	jacaré peixe sapo cavalo

4 Agora, responda:

a) A quais classes (mamíferos, aves, répteis, anfíbios, peixes ou invertebrados) pertencem os animais que você circulou na atividade anterior?

....

....

b) Escreva ou desenhe abaixo como esses animais nascem.

....	....

5 Complete o texto com as palavras do quadro.

adultas	metamorfose	lagartas	ovos	borboleta	casulo

As borboletas põem ...., dos quais nascem .... que se modificam até se tornarem .... A lagarta forma um .... e dentro dele transforma-se em ....

Chamamos essas transformações de ....

6 Observe as fotos e escreva o nome dos animais no quadro.

Edison Veiga/Arquivo da editora

capivara

Fabio Colombini/Acervo do fotógrafo

rã

Fabio Colombini/Acervo do fotógrafo

jabuti

Fabio Colombini/Acervo do fotógrafo

coruja

Saulo Mazzoni/Arquivo da editora

coelho

Pedro Martinelli/Arquivo da editora

cachorro

Nascem da barriga da fêmea	Nascem de ovos
....	....
....	....
....	....

7 Você acha que as figuras estão na sequência certa do crescimento dos animais? Se acha que não, escreva a sequência correta.

As imagens não estão em tamanhos proporcionais entre si.

J. Rodrigues/Arquivo da editora

....

....

Capítulo 14

Animais domesticados e animais silvestres

Animais domesticados

Nos tempos antigos, todos os animais viviam livremente em seu ambiente natural. Aos poucos, não se sabe exatamente quando, o ser humano começou a capturar alguns deles e a domesticá-los. Esses animais passaram a conviver naturalmente com as pessoas, sendo chamados de **animais domesticados**.

Dos animais domesticados, os mais próximos de nós são o cachorro, o gato, o cavalo, o porco, a galinha, a vaca, o pato, o coelho, a cabra e o carneiro, entre outros.

AnetaPics/Shutterstock/Glow Images

cachorro

ID1974/Shutterstock/Glow Images

porco

aleks.k/Shutterstock/Glow Images

vaca

Aksenova Natalya/Shutterstock/Glow Images

galinha

Os animais domesticados precisam ser bem cuidados para não sofrerem ou contraírem doenças. A raiva, por exemplo, é uma doença que pode causar a morte dos animais e dos seres humanos.

Os animais domesticados precisam de:

- boa alimentação;
- abrigo limpo e adequado;
- água fresca e limpa;
- vacinas contra doenças.

Se não forem bem cuidados, podem contrair doenças.

Saiba mais

Cuidados com os animais domesticados

Os animais são seres vivos, como nós. Embora muitos acreditem que os seres humanos têm o direito de domesticá-los e criá-los para se beneficiarem deles, há outras pessoas que dizem que isso é errado. De qualquer forma, não podemos causar sofrimentos aos animais enquanto eles são criados por nós. Saiba mais a respeito acessando os *sites* <www.arcabrasil.org.br> e <www.pea.org.br>.

Enrico Jose/Shutterstock/Glow Images

Em granjas, geralmente as aves ficam confinadas em espaços muito pequenos, o que é estressante para elas.

Animais silvestres

Os animais que vivem nas florestas e nas matas, onde encontram alimentos, parceiros e lugar adequado para se reproduzirem, são os **animais silvestres**. Veja alguns exemplos desses animais:

Fabio Colombini/Acervo do fotógrafo

veado-campeiro

tuiuiú

Fabio Colombini/Acervo do fotógrafo

Atividades

1 Escreva o nome destes animais domesticados. Pesquise e comente com a classe uma característica de cada um.

Eduard Kyslynskyy/Shutterstock/Glow Images

R. Gino Santa Maria/Shutterstock/Glow Images

As imagens não estão apresentadas em tamanhos proporcionais entre si.

Boris Katsman/Shutterstock/Glow Images

Robert Taylor/Shutterstock/Glow Images

Kachalkina Veronika/Shutterstock/Glow Images

2 Leia o texto a seguir e responda à pergunta na página seguinte.

Peludo é o cachorro de estimação de Naomi. Quando sua mãe trouxe o animal para casa, a menina prometeu que iria cuidar dele, fazendo tudo o que fosse necessário para que o cachorro continuasse saudável e alegre. Mas, depois de algumas semanas, a mãe de Naomi percebeu que ela não estava cuidando do animal como deveria.

Ilustra Cartoon/Arquivo da editora

- Quais cuidados você diria para Naomi ter com Peludo? E o que ela está fazendo de errado?

....

....

....

....

....

....

3 Leia o texto e responda às questões.

Animais silvestres (animais que vivem nas matas e florestas) são tirados de seu *habitat* natural e contrabandeados de forma cruel. A maioria deles morre durante a viagem. Além disso, as matas são devastadas, provocando a destruição da vida de diversas espécies nativas.

O Greenpeace (organização internacional de defesa da natureza) luta pela preservação das florestas, dos oceanos e dos animais.

Seus participantes lutam contra a matança das baleias, o desmatamento e a poluição dos oceanos, entre outras ações. No entanto, muitas vezes, são vistos como agitadores.

A natureza bem cuidada é condição essencial para a preservação da vida. O mundo seria muito melhor se o respeito à natureza fosse uma prática do ser humano.

a) O que são animais silvestres?

....

....

....

b) Você concorda com as ações do Greenpeace? Por quê?

....

....

O tema é...

Direitos dos animais

Você sabia que os animais também têm seus direitos? Nosso dever é cuidar para que esses direitos sejam sempre respeitados e preservados. Vamos conhecê-los?

Getty Images/Sam Edwards

Declaração Universal dos Direitos dos Animais

Artigo 1º: Todos os animais nascem iguais diante da vida e têm o mesmo direito à existência.

Artigo 2º: a) Cada animal tem direito ao respeito. b) O ser humano, enquanto espécie animal, não pode atribuir-se o direito de exterminar os outros animais, ou explorá-los, violando esse direito. Ele tem o dever de colocar sua consciência a serviço de outros animais.

Artigo 3º: a) Nenhum animal será submetido a maus-tratos e a atos cruéis. b) Se a morte de um animal é necessária, ela deve ser instantânea, sem dor ou angústia.

Artigo 4º: a) Cada animal que pertence a uma espécie selvagem tem o direito de viver livre no seu ambiente natural terrestre, aéreo ou aquático, e tem o direito de reproduzir-se. b) A privação da liberdade, ainda que para fins educativos, é contrária a este direito.

Artigo 5º: Cada animal pertencente a uma espécie, que vive habitualmente no ambiente do homem, tem o direito de viver e crescer segundo o ritmo e as condições de vida e de liberdade que são próprias de sua espécie.

[...]

Artigo 6º: Todo animal que o homem escolheu para seu companheiro tem direito a uma duração de vida conforme a sua longevidade natural. O abandono de um animal é um ato cruel e degradante.

Artigo 7º: Todo animal de trabalho tem direito a uma limitação razoável de duração e de intensidade de trabalho, a uma alimentação reparadora e ao repouso.

Artigo 8º: A experimentação animal que implique sofrimento físico ou psicológico é incompatível com os direitos do animal, quer se trate de uma experiência médica, científica, comercial ou qualquer que seja a forma de experimentação.

[...]

Artigo 9º: Quando o animal é criado para alimentação, ele deve de ser alimentado, alojado, transportado e morto sem que disso resulte para ele nem ansiedade nem dor.

Artigo 10º: Nenhum animal deve ser explorado para divertimento do ser humano.

§ único – As exibições de animais e os espetáculos que utilizem animais são incompatíveis com a dignidade do animal.

Artigo 11º: Todo ato que implique a morte de um animal sem necessidade é um biocídio, isto é, um crime contra a vida.

Artigo 12º: Todo ato que implique a morte de grande um número de animais selvagens é um genocídio, isto é, um crime contra a espécie.

§ único – A poluição e a destruição do ambiente natural conduzem ao genocídio.

Artigo 13º: O animal morto deve de ser tratado com respeito.

Mark Parke/Getty Images

§ único – As cenas de violência de que os animais são vítimas devem ser interditas no cinema e na televisão, salvo se elas tiverem por fim demonstrar um atentado aos direitos do animal.

Artigo 14º: Os organismos de proteção e de salvaguarda dos animais devem estar representados a nível governamental.

§ único – Os direitos do animal devem ser defendidos pela lei como os direitos do homem.

Caso você tome conhecimento de maus-tratos contra animais e de desrespeito a esses direitos, você pode fazer uma denúncia anônima. O telefone para denúncias é 0800-618080.

Guia EcoKids, de Marli Mitsunaga. São Paulo: Caramelo, 2004. (Texto adaptado).

- Em grupos, pesquisem sobre empresas que realizam testes em animais. Peçam ajuda ao professor. Depois, exponham seu ponto de vista a respeito dessa prática.
- Dividam os 14 direitos da **Declaração Universal dos Direitos dos Animais** entre os grupos e criem cartazes. Depois, divulguem os cartazes pela escola.

Capítulo 15

A importância dos animais

OED

Existem no mundo milhões de espécies animais, e nenhuma dessas espécies pode ser considerada "inútil" ou "prejudicial", pois cada uma delas cumpre um papel importante na natureza, contribuindo de alguma forma para manter o equilíbrio ambiental.

O ser humano utiliza certos animais como fonte de alimentação, meio de transporte, força para movimentar máquinas, companhia.

Muitos produtos de nossa alimentação, como carne, leite, mel e ovos, são obtidos de animais.

paulinux/Shutterstock/Glow Images

As vacas produzem leite. Muitos de nós comemos também a sua carne.

Lehrer/Shutterstock/Glow Images

As abelhas produzem mel.

thieury/Shutterstock/Glow Images

As galinhas produzem ovos. Muitos de nós comemos também a sua carne.

Alguns produtos para nosso vestuário, como o couro, a lã e o fio de seda, também são obtidos de animais.

Edson Sato/Pulsar Imagens

Do boi obtemos o couro.

Randy Rimland/Shutterstock/Glow Images

Da ovelha obtemos a lã.

fotohunter/Shutterstock/Glow Images

Do bicho-da-seda obtemos o fio de seda.

Como o cavalo, o burro e o camelo, muitos animais são usados como meio de transporte de pessoas e carga.

Alguns animais, como o escorpião, a aranha e a cobra, têm picada venenosa e, por isso, podem ser perigosos. Para evitar acidentes, é preciso manter-se longe deles.

Quando aumentam muito de número, por causa de algum desequilíbrio ambiental, as formigas e os gafanhotos podem causar sérios danos às plantações.

Os sapos e as rãs, por sua vez, comem insetos que podem prejudicar as plantações.

Andrey Pavlov/Shutterstock/Glow Images

formiga

Peter Waters/Shutterstock/Glow Images

viúva-negra (aranha)

Tyler Fox/Shutterstock/Glow Images

gafanhoto

Marevision Collection/Getty Images

Sapo se alimentando de gafanhoto.

Vários animais, como o carrapato, o pernilongo, a mosca e o rato, podem transmitir doenças ao ser humano.

Para evitar o aparecimento desses animais em nossa casa, devemos mantê-la sempre limpa e colocar o lixo em sacos fechados e lixeiras tampadas.

Robert Pickett/Corbis/Latinstock

mosca

Atividades

1 Os produtos de origem vegetal são feitos de plantas ou de parte delas. Os produtos de origem animal são feitos de alguns animais ou de parte deles. Assinale com **X** os produtos de origem animal.

NRT/Shutterstock/Glow Images

( )

Markus Mainka/Shutterstock/Glow Images

( )

Pakhnyushchyy/Shutterstock/Glow Images

( )

tescha555/Shutterstock/Glow Images

( )

Viktor1/Shutterstock/Glow Images

( )

2 Complete o texto com as palavras do quadro.

minhoca	plantas	solo	joaninha

Invertebrados como a .... e a .... contribuem para a melhoria de nossas plantações.

A joaninha devora outros insetos como os pulgões, que se alimentam de várias .... cultivadas pelas pessoas. Já a minhoca ajuda a aumentar a fertilidade do ...., enterrando folhas e construindo túneis que ajudam a escoar a água.

3 Veja as imagens a seguir e escreva abaixo um texto sobre cada uma delas. Depois, comente com o professor e os colegas o que você escreveu.

Nata-Lia/Shutterstock/Glow Images

Bolsa feita com couro de cobra.

Ernesto Reghran/Pulsar Imagens

Pombos em praça pública de Brasília (DF).

S-F/Shutterstock/Glow Images

Peixes em um aquário.

Agencja Fotograficzna Caro/Alamy/Glow Images

Porcos sendo encaminhados para o abate.

....

....

....

....

....

....

....

4 Complete as frases com as palavras do quadro.

lixo	limpa	inseticida	mosca	venenoso	doenças

a) Alguns animais, como o carrapato, o pernilongo, a .... e o rato, podem transmitir .... ao ser humano.

b) Para evitar que animais transmissores de doenças apareçam em nossa casa, devemos mantê-la .... e colocar o .... em sacos fechados e lixeiras tampadas.

c) O .... é um produto .... Por isso deve ser utilizado somente por adultos.

Ideias em ação

Animais ameaçados de extinção

Muitos animais silvestres estão ameaçados de extinção, isto é, podem desaparecer para sempre do ambiente em que vivem.

Estes são alguns dos animais que estão prestes a desaparecer por causa da ação destruidora do ser humano.

PAPAGAIO-DE-PEITO-ROXO
ONDE VIVE:
MATAS SECAS E PINHEIRAIS (EM TODO O BRASIL).
POR QUE ESTÁ AMEAÇADO:
FOI CAÇADO E CONTRABANDEADO, E SEU *HABITAT*, DESTRUÍDO.

Fabio Colombini

papagaio-de-peito-roxo

Doug Perrine/Nature/Other Images

peixe-boi-da-amazônia

PEIXE-BOI-DA-AMAZÔNIA
ONDE VIVE:
BACIA DO RIO AMAZONAS.
POR QUE ESTÁ AMEAÇADO:
FOI E AINDA É MUITO CAÇADO PARA A OBTENÇÃO DE SUA CARNE E DE SEU COURO.

TAMANDUÁ-BANDEIRA
ONDE VIVE:
EM TODO O BRASIL.
POR QUE ESTÁ AMEAÇADO:
O AMBIENTE ONDE VIVE É DESTRUÍDO PARA DAR LUGAR À AGRICULTURA.

Palê Zuppani/Pulsar Imagens

tamanduá-bandeira

- Em grupo, faça um cartaz alertando as pessoas para a necessidade de preservar os animais silvestres.
- Desenhem, recortem fotos de revistas, criem frases de apelo para que os cartazes fiquem bem atraentes e chamativos. Vocês também podem inventar personagens e desenhar uma história em quadrinhos sobre a importância de preservar os animais.

Observação e conclusão

Ilustra Cartoon/Arquivo da editora

- Depois de prontos, os cartazes podem ser usados numa campanha pela preservação da natureza, organizada por todas as turmas da escola.

UNIDADE 4

O ser humano e a saúde

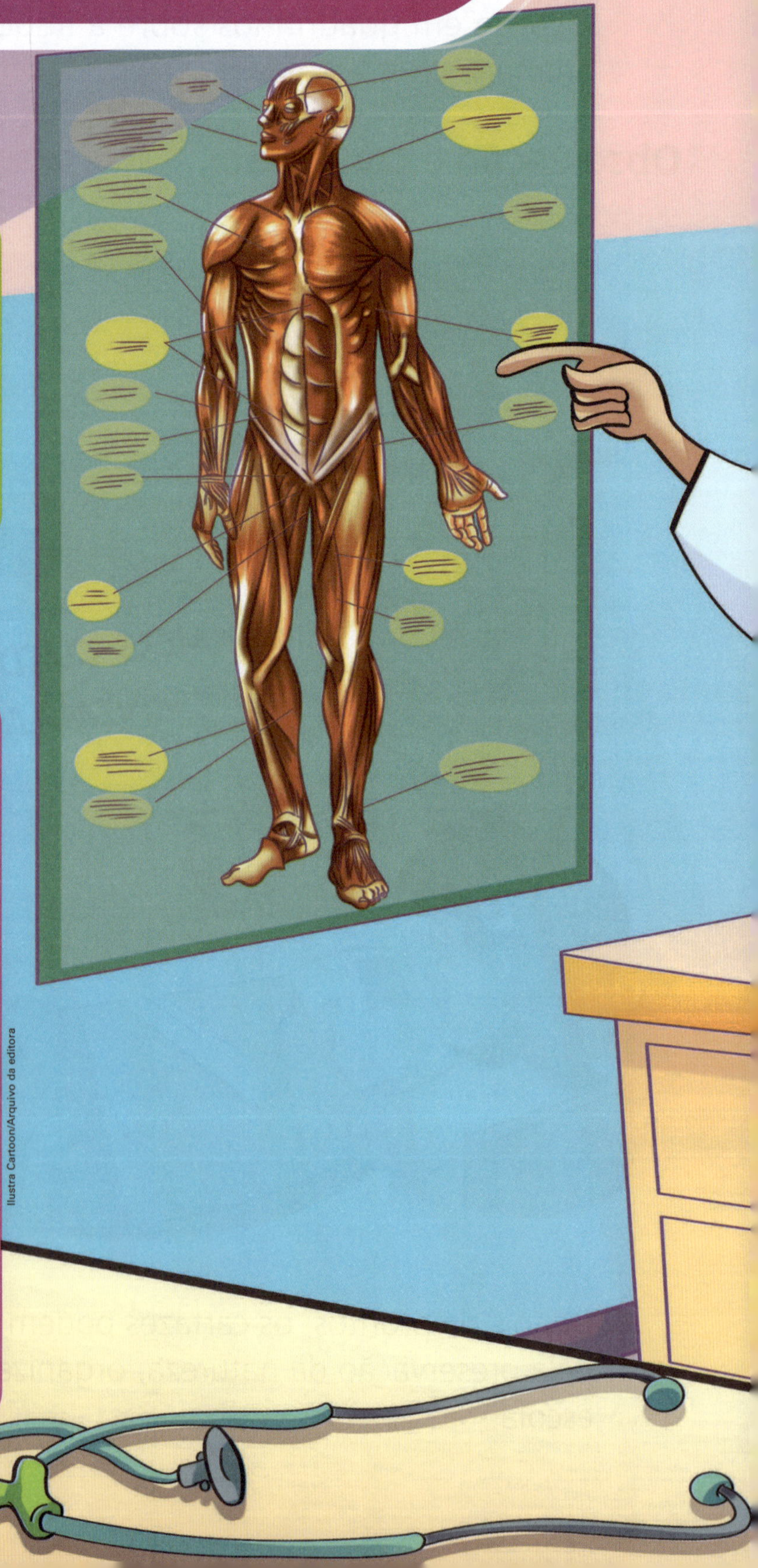

Ilustra Cartoon/Arquivo da editora

Vamos conversar?

- Você conhece as partes do seu corpo?
- Você sabe quais hábitos de higiene são necessários para manter sua saúde?

O que vou estudar?

- Como o ser humano nasce, desenvolve-se, alimenta-se
- Cuidados com o corpo e a mente
- O que é saneamento básico
- As causas de algumas doenças e como evitá-las
- Como prevenir acidentes
- Os primeiros socorros
- A saúde e os avanços da Ciência

Capítulo 16

Os seres humanos

Você já se perguntou como nasceu? Durante quanto tempo vai crescer? Como as pessoas envelhecem?

Inga Marchuk/Shutterstock/Glow Images

Peopleimages/Getty Images

LWA/Larry Williams/Getty Images

Nós, seres humanos, pertencemos ao grupo dos animais. Somos animais vertebrados e mamíferos.

Ao longo do desenvolvimento, o ser humano passa por diversas fases. As principais são infância, adolescência, idade adulta e velhice.

A infância inicia-se no nascimento do bebê e prolonga-se até mais ou menos os 11 anos de idade.

Veja alguns momentos da infância:

Recém-nascido é o bebê que acaba de nascer.

Compassionate Eye Foundation/Three Images/Getty Images

Nos primeiros meses de vida, o melhor alimento para a criança é o leite materno.

Aos 2 anos, geralmente a criança já come de tudo, anda sozinha e fala.

Rolf Bruderer/Corbis/Latinstock

Com 6 anos, a criança já tem condições de aprender a ler e a escrever.

Ariel Skelley/Corbis/Latinstock

A adolescência é a fase que vai dos 12 aos 20 anos de idade, aproximadamente.

Nessa fase, as pessoas se modificam bastante. As diferenças entre os meninos e as meninas ficam mais acentuadas e o corpo começa a tomar a forma adulta.

Monkey Business Images/Shutterstock/Glow Images

A idade adulta começa mais ou menos aos 20 anos. Nessa fase, o ser humano jácompletou seu desenvolvimento físico e para de crescer.

Em geral, é a partir desse período que a pessoa pode ser considerada madura para começar a ter filhos e a criá-los.

A velhice é a fase em que as pessoas já trabalharam bastante, já criaram seus filhos, já aprenderam muito com a vida.

As pessoas idosas devem ser tratadas com muito respeito e ter suas opiniões levadas em consideração, pois têm muito para ensinar aos mais jovens.

Rob Marmion/Shutterstock/Glow Images

Atividades

1 O ser humano é um ser vivo e, desde o nascimento até a morte, passa por transformações físicas e mentais importantes. Observe as figuras das pessoas abaixo e classifique-as de acordo com a fase da vida em que se encontram.

Robert Kneschke/Shutterstock/Glow

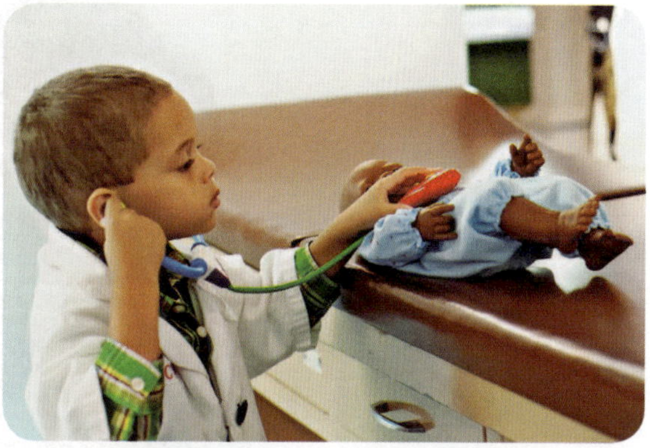

Blend Images/Shutterstock/Glow Images

....

....

Kristal O'Neal/Getty Images

Pressmaster/Shutterstock/Glow Images

....

....

2 Responda:

a) Qual é a fase de desenvolvimento que você está vivendo?

....

b) Qual é a fase de desenvolvimento que seu professor está vivendo?

....

Capítulo 17

Alimentação

Por que precisamos nos alimentar?

Você costuma comer de tudo? Legumes, verduras, grãos, carne, peixe...?

Fernando Favoretto/Criar Imagem

Prato colorido é sinal de alimentação saudável.

Para uma criança crescer e ter um desenvolvimento adequado é necessário que se alimente bem.

Os alimentos fornecem ao nosso corpo a energia e as substâncias de que precisamos para viver e nos desenvolver. Sem essa energia, o organismo não conseguiria trabalhar.

Uma boa alimentação deve incluir alimentos:

As imagens não estão em tamanho proporcional entre si.

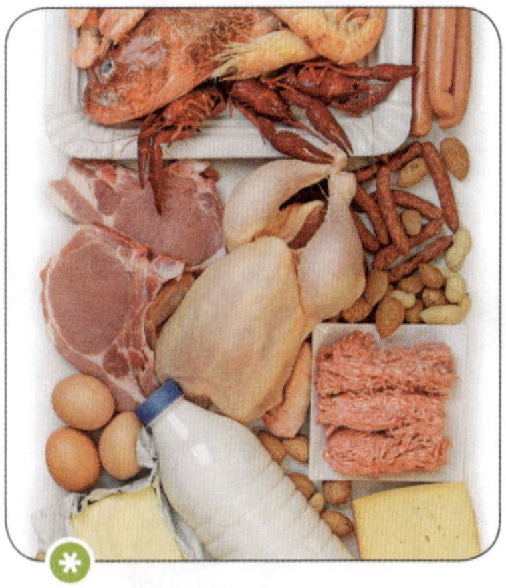
Elena Schweitzer/Shutterstock/Glow Images

de origem animal

Julian Rovagnati/Shutterstock/Glow Images

de origem vegetal

Radu Sebastian/Alamy/Glow Images

de origem mineral

Para ter boa saúde, é importante:

- comer alimentos frescos, naturais e variados;
- lavar muito bem os alimentos crus antes de comê-los;
- mastigar bem os alimentos;
- conservar os alimentos em lugar fresco e limpo.

Ilustra Cartoon/Arquivo da editora

pirâmide alimentar infantil

Veja na pirâmide alimentar o que os nutricionistas e pediatras recomendam que você coma na sua idade.

Para as crianças que estão em idade escolar é necessário manter a seguinte alimentação:

Verduras e legumes: 3 porções
Leites, queijos e iogurtes: 3 porções
Carnes e ovos: 2 porções
Feijões (ou leguminosas): 1 porção
Cereais, pães, tubérculos e raízes: 5 porções
Frutas: 3 porções
Açúcar e doces: 1 porção
Óleos e gorduras: 1 porção

Sociedade Brasileira de Pediatria. Disponível em: <www.sbp.com.br/img/manuais/manual_alim_dc_nutrologia.pdf>. Acesso em: fev. 2015.

Atividades

1 Distribua na coluna adequada o nome dos alimentos apresentados ao lado.

amieB/Getty Images

Nattika/Shutterstock/Glow Images

Maks Narodenko/Shutterstock/Glow Images

Arve Bettum/Shutterstock/Glow Images

Ruslan Kudrin/Shutterstock/Glow Images

Picsfive/Shutterstock/Glow Images

Origem mineral	Origem vegetal	Origem animal

2 Escreva o nome dos alimentos de que você gosta.

- Agora, agrupe esses alimentos de acordo com a origem.

Vegetal	Animal

3 Para termos boa saúde, é importante:

a) comer a toda hora;

b) comer alimentos frescos, naturais e variados;

c) lavar muito bem os alimentos crus antes de comê-los;

d) conservar os alimentos em lugar fresco e limpo;

e) mastigar bem os alimentos.

- Corrija a única frase incorreta.

....

....

4 Observe as imagens e complete as frases.

A .... contém vitamina C e sais minerais. Ajuda a prevenir as gripes e fortalece o organismo contra as infecções.

Tim UR/Shutterstock/Glow Images

O .... contém vitamina A. Suas sementes combatem alguns problemas intestinais e sua polpa age como laxante.

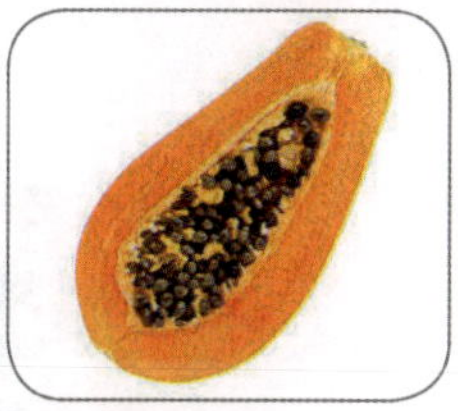
satit_srihin/Shutterstock/Glow Images

A .... contém vitamina B em abundância. Age contra a diarreia.

Maks Narodenko/Shutterstock/Glow Images

A .... contém vitaminas A, B e C. Seu consumo é recomendado em casos de bronquite, tosse e enfermidades do estômago em geral.

Tiger Images/Shutterstock/Glow Images

Fonte: INPA/Embrapa.

5 Reúna-se com dois colegas e confeccionem cartazes com alimentos de origem animal, vegetal e mineral.

Capítulo 18

O corpo humano

Você já observou que seu corpo é todo movimento?

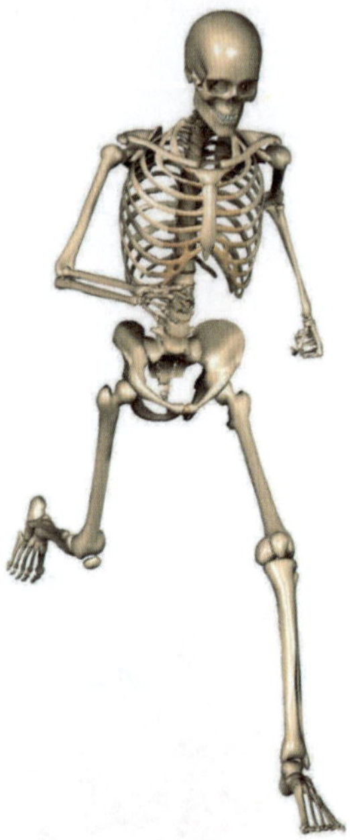

Observe as imagens e verifique o que auxilia nosso corpo a se mexer.

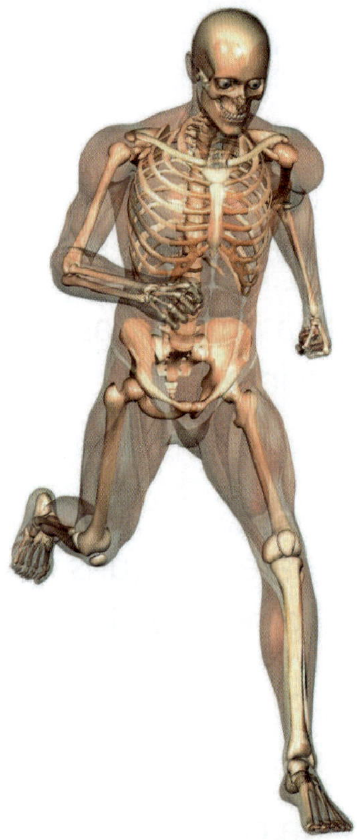

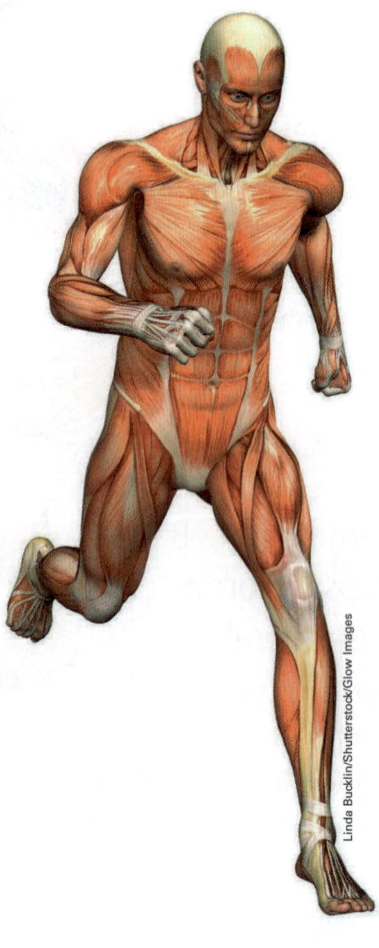

Linda Bucklin/Shutterstock/Glow Images

Nosso corpo possui ossos e músculos.

Os ossos dão firmeza ao corpo. O conjunto dos ossos forma o **esqueleto**.

O encontro entre os ossos forma uma junta. Quando essa junta é móvel, chama-se **articulação**.

A maior parte dos músculos de nosso corpo fica presa aos ossos.

Os músculos e o esqueleto são os responsáveis pelos movimentos do corpo.

Para facilitar o estudo do corpo, costuma-se dividi-lo em quatro partes: cabeça, pescoço, tronco e membros. Observe a foto.

A cabeça

Na cabeça, temos a face e o crânio.

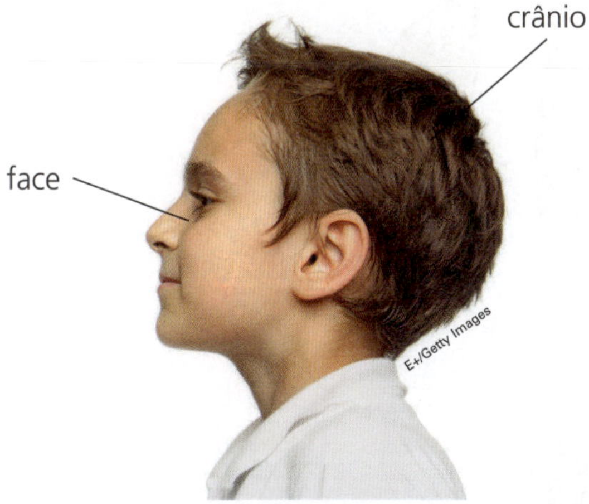

Na face, estão os olhos, as orelhas, o nariz e a boca.

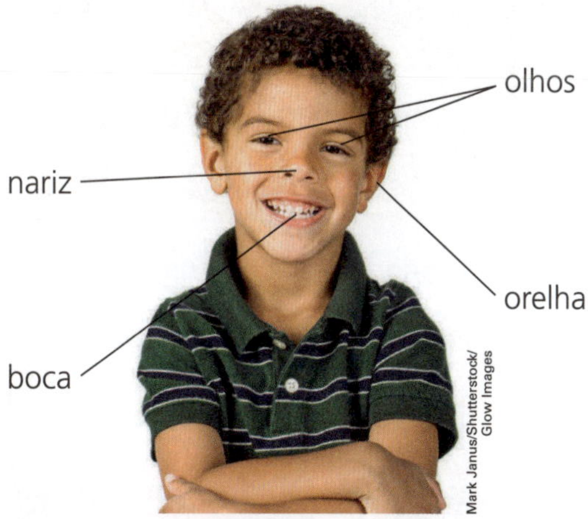

O crânio é coberto pelo couro cabeludo.

Dentro do crânio está o **encéfalo**, um dos mais importantes órgãos do organismo humano. É o encéfalo que controla todas as funções de nosso corpo.

O pescoço e o tronco

O pescoço liga a cabeça ao tronco.

O tronco é formado pelo tórax e pelo abdome.

O pescoço sustenta a cabeça e a liga ao tórax.

Dentro do tórax, temos o coração e os pulmões.

No abdome, ficam o estômago, os intestinos, o fígado, o pâncreas e outros órgãos.

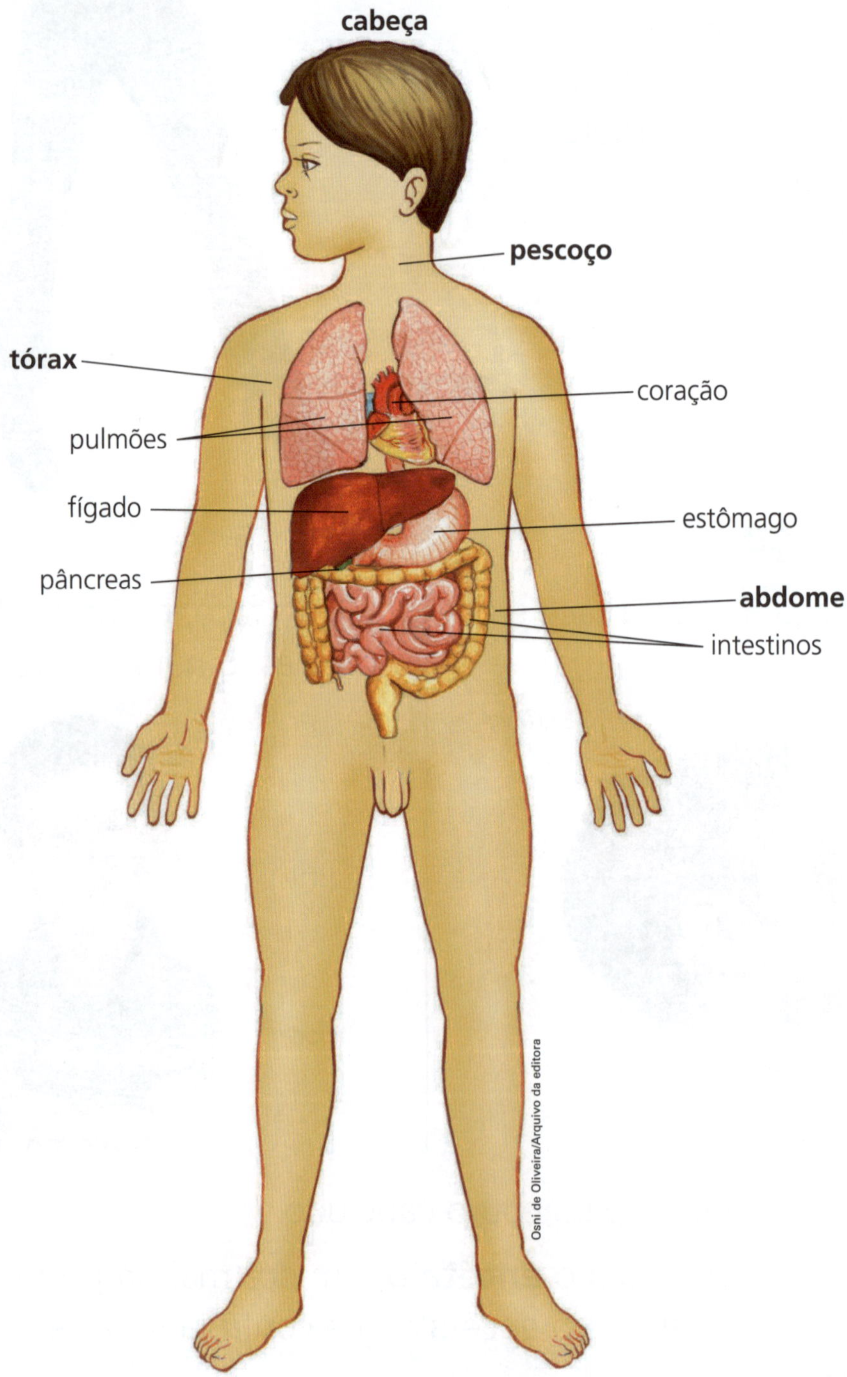

Os membros

Nós possuímos dois pares de membros: os superiores e os inferiores.

Os membros superiores são formados pelos braços e pelas mãos.

Os membros inferiores são formados pelas pernas e pelos pés.

Saiba mais

Você é um esqueleto

Não é um insulto, é a pura verdade. Sem o esqueleto você viveria esparramado pelo chão, como geleia! Além do mais, ele protege todos os nossos órgãos internos de pancadas ou de qualquer outra agressão externa. Veja sua força: cada centímetro quadrado de osso pode suportar 1700 quilos: o peso de três touros! No total temos 206 ossos. O mais longo está na coxa: é o **fêmur**. E o menor está dentro da orelha, e se chama **estribo**, porque se parece com o estribo da sela de um cavalo.

Os ossos estão divididos em pedaços unidos entre si pelas articulações: sem elas, ninguém poderia se mover.

Movimentamos as articulações dos dedos umas 25 milhões de vezes durante toda a nossa vida. Nem mesmo o crânio é formado por uma peça só, embora pareça ser. São 22 ossos, dos quais 14 estão no rosto.

O admirável corpo humano. Consultoria de Maria Teresinha Figueiredo. São Paulo: Ática, 2002. (Texto adaptado).

Atividades

1 Você consegue?
Tente realizar os movimentos a seguir com os colegas, obedecendo à orientação do professor.

Como são as diferentes partes de seu corpo?
O que você consegue fazer com elas?

Músculos

Em que partes do corpo você tem músculos?

Ilustrações: Ilustra Cartoon/Arquivo da editora

Ossos

Como são seus ossos?
Há ossos em seus pés?

Você consegue sentir e desenhar os ossos das mãos?
E os ossos das costas de um amigo?

Juntas

Como seus cotovelos e joelhos se movem?
Você consegue dobrá-los e esticá-los?
Onde mais o corpo dobra?
Até onde você consegue girar a cintura?

Usando a língua

Você consegue tocar o nariz com a língua?

Ilustrações: Ilustra Cartoon/Arquivo da editora

Dança da vassoura

Você consegue dançar agachado?

Unindo os dedos

Você consegue unir os dedos colocando as mãos para trás?

Imitando caranguejo

Você consegue imitar um caranguejo virando o corpo para trás?

Eu e meu corpo, de David Evans e Claudette Williams. São Paulo: Ática, 1995. (Vamos explorar Ciências).

2 Leia o texto e depois escreva na ilustração correspondente as palavras destacadas abaixo.

Nosso corpo tem um esqueleto formado por muitos **ossos**. O esqueleto dá sustentação a todas as partes do corpo. Cobrindo o esqueleto, temos os **músculos**. Sobre os músculos está a pele.

Os músculos e o esqueleto são os responsáveis pelos movimentos do corpo.

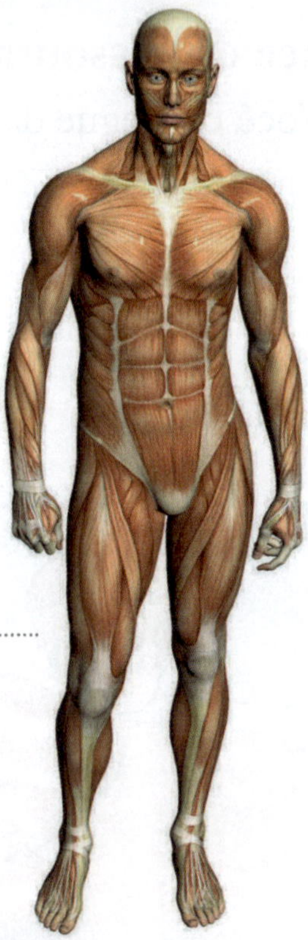

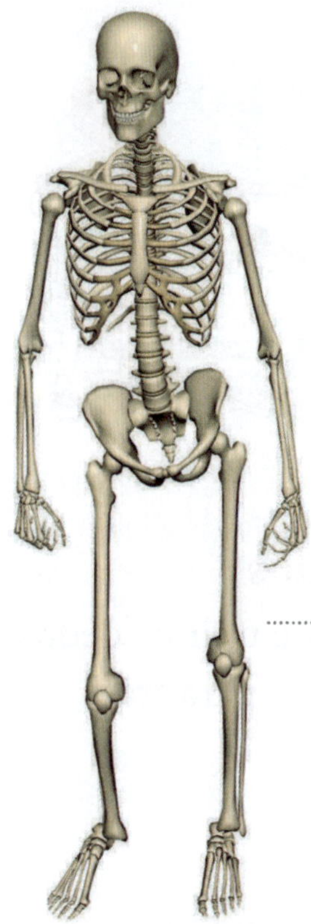

3 Observe as radiografias a seguir. De quais partes do corpo elas são?

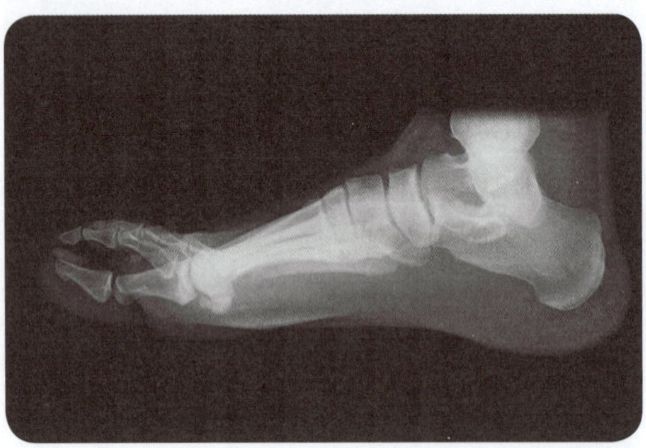
Neil Borden/Photo Researchers/Latinstock

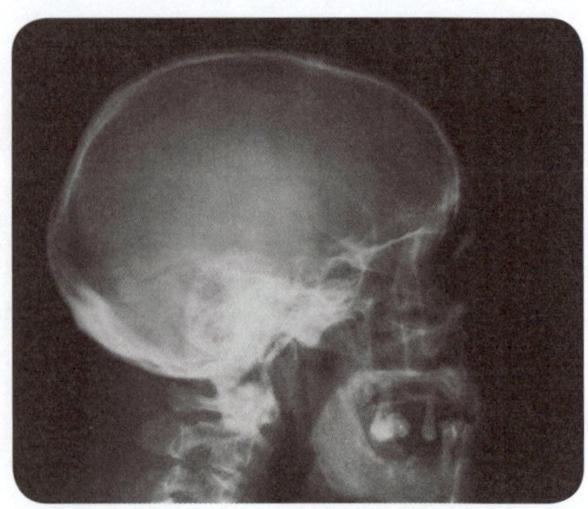
Adrian Neal/Stone/Getty Images

4 O corpo de um ser humano é formado por: cabeça, pescoço, tronco e membros. Observe a foto abaixo, localize e escreva o nome dessas partes.

Atsushi Tomura/Getty Images

5 Leia os quadros abaixo. Escreva se as partes do corpo que são mencionadas estão na cabeça ou no tronco.

tórax	abdome
....	

face	crânio
....	

6 O que é, o que é?

Controla as funções de nosso corpo: [ ][ ][ ][ ][ ][ ][ ][ ]

É um dos órgãos que ficam no abdome: [ ][ ][ ][ ][ ][ ][ ][ ]

Pertencem aos membros inferiores: [ ][ ][ ]

Liga a cabeça ao tórax: [ ][ ][ ][ ][ ][ ][ ]

Abriga os pulmões e o coração: [ ][ ][ ][ ][ ]

Capítulo 19

Os nossos sentidos

O ser humano percebe o mundo, ou seja, percebe o que acontece em seu ambiente por meio dos cinco sentidos: visão, audição, olfato, gustação e tato. São eles que transmitem ao cérebro as informações recebidas do ambiente.

Quantos sentidos você acha que a garota está usando ao mesmo tempo?

Ilustra Cartoon/Arquivo da editora

A garota está utilizando os cincos sentidos ao mesmo tempo: tato, ao segurar a xícara; gustação e olfato, ao saborear o chá e ao sentir seu aroma; audição, ao ouvir o som através do fone de ouvido e visão, ao olhar para o computador.

Na falta ou deficiência de algum dos sentidos, as pessoas desenvolvem maior sensibilidade em outro. Por exemplo: uma pessoa com deficiência visual adquire mais sensibilidade pela audição e pelo tato, isto é, tem esses dois sentidos mais apurados.

Atividades

1 Escreva algumas situações em que você utilizou os sentidos indicados a seguir no dia de hoje.

a audição: ....

o tato: ....

a gustação: ....

2 Os objetos abaixo foram inventados para ajudar as pessoas. Descubra e escreva para que serve cada um.

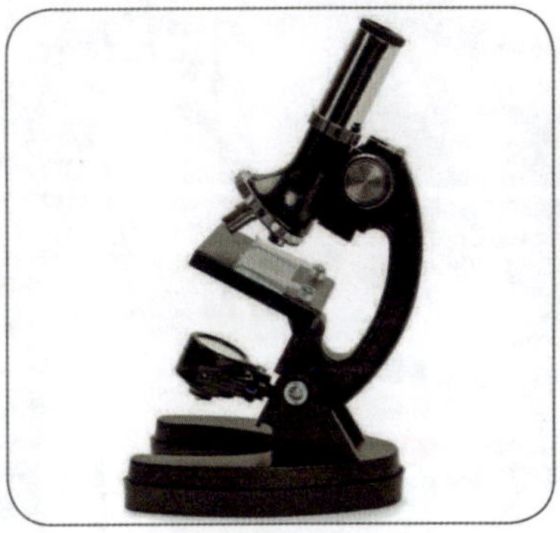

Michael Burrell/Alamy/Glow Images

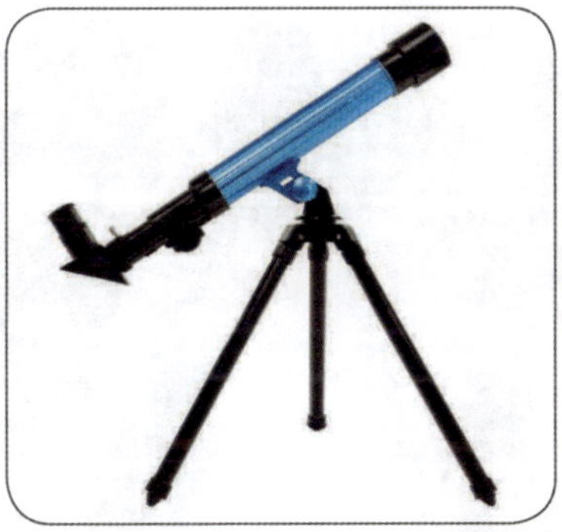

trekkerimages/Alamy/Glow Images

Evgeny Karandaev/Shutterstock/Glow Images

....

....

3 Marque com um **X** as afirmativas corretas. Depois, reescreva em seu caderno as questões incorretas, corrigindo-as.

( ) Por meio dos órgãos dos sentidos percebemos o ambiente.

( ) O nariz é o órgão do tato.

( ) Com a língua, Janete sentiu o gosto do bolo de chocolate.

( ) O órgão do olfato é o nariz.

( ) Com os olhos, vi que a caixa não era quadrada.

( ) Com o tato, podemos ouvir os sons.

Capítulo 20

Higiene e saúde

Uma alimentação variada e de boa qualidade é muito importante para a saúde. Mas não é suficiente. Precisamos tomar outros cuidados com nosso corpo e nossa mente.

Esses cuidados, que também são chamados de higiene física e hábitos saudáveis, são importantes para os seres humanos de todas as idades.

Rawpixel/Shutterstock/Glow Images

Tomar banho, lavar as mãos, escovar os dentes, entre outros, são ações tão importantes como praticar atividade física, dormir bem, passear, ler bons livros e ver bons programas de TV. São esses cuidados que nos mantêm dispostos e saudáveis.

Atividades

1 O que é higiene pessoal?

....

....

....

2 Responda:

a) Você pratica algum esporte ou alguma atividade física? Qual?

....

....

b) Você gosta de assistir à televisão? Quais são seus programas preferidos?

....

....

c) Você gosta de ler? O que prefere: livros ou revistas?

....

....

d) Você costuma dormir pelo menos oito horas por noite? Sabe a importância disso?

....

....

e) Se você puder escolher entre brincar num parque ao ar livre e ficar dentro de casa assistindo à televisão, o que prefere? Por quê?

....

....

Capítulo 21

Saneamento básico

OED

Existe um conjunto de cuidados que devem ser tomados pelo governo, para que os cidadãos tenham boa saúde e possam viver bem. Esse conjunto de cuidados é o que chamamos saneamento básico.

Entre os cuidados que fazem parte do saneamento básico de uma cidade estão:

- o tratamento e a distribuição da água;
- a construção de uma rede de esgotos;
- o tratamento do esgoto antes de lançá-lo nos rios ou no mar;
- a coleta do lixo;
- a reciclagem do lixo.

Tratamento e distribuição da água

A água contaminada, que contém microrganismos que podem causar doenças, deve ser tratada. E para retirar a sujeira e as impurezas da água, foram criadas as estações de tratamento, onde a água é filtrada e são adicionados o cloro e outros produtos.

Delfim Martins/Pulsar Imagens

A água já tratada fica armazenada em reservatórios e, para chegar a nossas casas, passa por uma série de canos. Portanto, ela ainda pode conter impurezas. Por isso, antes de ser bebida, precisa ser novamente filtrada ou fervida.

Estação de tratamento de água

Rede de esgotos

Por meio de canos, a rede de esgotos recolhe as águas poluídas que vêm das casas e dos estabelecimentos industriais e comerciais.

Onde há estação de tratamento de esgoto, essa água é levada para ser tratada antes de ser devolvida aos rios e mares.

Quando não há tratamento do esgoto, a água suja e contaminada é lançada diretamente na natureza. Dessa forma, os rios e mares ficam poluídos, o que ameaça a saúde de todos os seres vivos que entram em contato com suas águas.

Renato Weil/Agência Estado

Estação de tratamento de esgoto do ribeirão Arrudas, Belo Horizonte (MG).

Onde não há rede de esgotos, é necessária a construção de fossas ou privadas higiênicas. Elas devem ficar bem longe de qualquer poço ou rio que forneça água para beber, a fim de evitar que essa água seja contaminada.

Coleta de lixo

Vidal Cavalcante/AE

coletor de lixo

O lixo que produzimos contém embalagens de plástico e de papel, latas, papéis usados ou sujos, restos de comida e outros.

O acúmulo de lixo atrai diversos insetos que podem transmitir doenças. Para evitar esses animais e o mau cheiro, é preciso tomar alguns cuidados com o lixo: guardá-lo em latas tampadas ou em sacos plásticos fechados até que seja retirado e levado para os depósitos.

Nas cidades, geralmente, há caminhões que recolhem o lixo. Isso se chama **coleta de lixo**.

Onde não existe coleta de lixo, este deve ser enterrado em lugares adequados para não contaminar o ambiente.

Muitos materiais que são jogados fora, como latas, vidros e papéis podem ser reciclados, ou seja, reaproveitados.

A reciclagem diminui a quantidade de lixo no ambiente e também reduz o desperdício de recursos naturais.

Os símbolos

Você já viu símbolos como os dos latões da foto a seguir na embalagem de algum produto?

Eles indicam que essa embalagem é reciclável e não deve ser jogada fora, mas sim separada, para ser encaminhada a indústrias de reciclagem.

Comprando produtos que utilizam materiais reciclados, estamos colaborando com a preservação do ambiente!

Opção Brasil

latões para coleta seletiva de lixo

Atividades

1 O que é saneamento básico? Escreva com suas palavras.

....

....

2 Quais são os cuidados que devemos ter com o lixo?

....

....

3 Que tipo de lixo é jogado fora em grande quantidade em sua casa? E em sua escola?

....

....

4 Quanto lixo espalhado! Vamos limpar tudo isso?
Sua tarefa é colocar cada item abaixo em seu devido latão de lixo, para que ele possa ser reciclado. Para isso, ligue o lixo ao latão correspondente.

Robyn Mackenzie/Shutterstock/Glow Images

Levent Konuk/Shutterstock/Glow Images

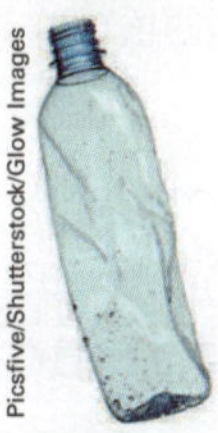

Picsfive/Shutterstock/Glow Images

Dima Sobko/Shutterstock/Glow Images

Rogério Reis/Pulsar Imagens

O tema é...

O uso consciente da água potável

Imagine viver sem água: seria muito difícil, não é mesmo? Viver sem água potável, então, é impossível. Pois saiba que a água corre o risco de acabar se o ser humano não cuidar de forma responsável desse precioso recurso.

Christian Rizzi/Fotoarena

Cataratas do Iguaçu, Parque Nacional do Iguaçu, Paraná.

Se não cuidar, vai acabar

Quando a gente olha para fotos dos rios e mares do mundo, a gente nem acredita que um dia a água pode acabar. De certa forma, é pouco provável que ela acabe completamente. Mas o que muita gente não sabe é que a água potável — aquela que a gente usa para beber, lavar e cozinhar alimentos e tomar banho — pode, sim, se tornar escassa e, um dia, acabar. Por isso, depende de cada um de nós a preservação desse bem natural, que é o mais importante para a manutenção da vida no planeta.

Quando adotamos hábitos diários de uso consciente da água, contribuímos para a sua preservação. Veja alguns hábitos que podem ser incorporados ao seu dia a dia:

- Não tome banhos demorados. Cinco minutos costumam ser o tempo suficiente para termos uma boa higienização.
- Desligue o chuveiro na hora de se ensaboar e de passar o xampu e o condicionador, religando-o somente na hora do enxágue. De acordo com o Ministério do Meio Ambiente, um minuto de chuveiro ligado gasta cerca de 15 litros de água. Agora imagine o tanto de água que você vai gastar se tomar banhos de 20 minutos, e ainda com o chuveiro ligado! Seriam mais ou menos 300 litros de água potável sendo jogados fora pelo ralo!

- Evite brincadeiras com água. Troque-as por outras. Elas podem ser tão divertidas quanto as com água.
- Desligue a torneira ao escovar os dentes.
- Evite usar copos descartáveis, mesmo os recicláveis. Tanto a produção quanto a reciclagem desse material demanda o consumo de muitos litros de água. Prefira ter sempre em mãos uma caneca (daquelas de plástico mesmo) ou uma garrafinha de água (isto ainda te incentivará a beber mais água).

Escola Kids. Disponível em: <www.escolakids.com/consumo-consciente-de-agua.htm>. Acesso em: 29 mar. 2015.

Vamos economizar água em casa?

Um jeito bem legal de economizar água é envolver a família! Incentive seus familiares a usar a água de forma consciente.

Quem toma banho mais rápido?

Em uma folha de papel, faça um quadro com o nome dos familiares e um espaço ao lado de cada nome. Preencha esses espaços com o tempo que cada membro da família demora no chuveiro. Ganha quem tiver tomado banho mais rápido.

E o jogo continua...

Nessa mesma folha de papel, anote um ponto cada vez que ele (ou ela) fizer algo que ajude a economizar água; por exemplo:

- fechar a torneira ao escovar os dentes;
- desligar o chuveiro para se ensaboar;
- não desperdiçar água ao lavar a louça;
- evitar usar a mangueira.

Depois de alguns dias, conte os pontos para descobrir quem é o vencedor.

Veja um modelo de quadro para preencher:

Nome do familiar	Tempo no banho	Pontuação na economia de água

Capítulo 22

As doenças

Certas doenças são contagiosas, isto é, podem passar de uma pessoa doente para uma pessoa sadia.

Esse contágio pode acontecer por contato direto – quando se adoece por ficar próximo a uma pessoa doente – ou por contato indireto – quando a doença passa por meio de objetos contaminados por quem está doente.

contaminação direta

Ilustrações: Ilustra Cartoon/Arquivo da editora

contaminação indireta

Podemos evitar que as doenças contagiosas se espalhem tomando alguns cuidados:

- Ter uma boa alimentação, pois uma pessoa saudável, bem alimentada, tem menos risco de **contrair** doenças.
- Tomar vacinas recomendadas pelos médicos.
- Não usar os mesmos objetos que foram utilizados por pessoas doentes sem antes lavá-los muito bem, com água fervente.
- Evitar o contato muito próximo com pessoas que têm doenças que podem ser transmitidas pelo ar e não ficar em ambiente fechado respirando o mesmo ar que essas pessoas.

Atividades

1 Responda:

a) O que são doenças contagiosas?

....

....

b) Você já teve alguma doença contagiosa? Qual? O que foi feito para curá-la?

....

2 Leia o texto e observe a imagem abaixo.

Joana está cuidando de seu irmão, que está com catapora. Ela passou a manhã toda com ele, e como estava com preguiça de ir até a cozinha buscar um copo, tomou água no mesmo copo que seu irmão.

Ilustra Cartoon/Arquivo da editora

- Você acha que Joana corre o risco de pegar catapora? Por quê?

....

....

3 Como podemos evitar que uma doença contagiosa se espalhe? Discuta com seus colegas e com o professor.

Verminoses

Alguns vermes vivem livremente nos mais variados ambientes. É o caso das minhocas, por exemplo. Outros são **parasitas** humanos, pois se alojam no nosso corpo, causando as verminoses.

Muitas pessoas são afetadas por verminoses e, quando não são tratadas de modo adequado, ficam fracas, sem disposição para trabalhar, estudar, passear, etc.

As verminoses atingem com mais frequência as pessoas que moram em lugares sem saneamento básico e com pouca higiene.

Ilustra Cartoon/Arquivo da editora

Um exemplo de verme que se adquire dessa maneira é a **lombriga**. As lombrigas vivem no intestino das pessoas, causando dores de barriga, falta de apetite e enfraquecimento. Se a doença não for tratada, pode até provocar a morte da pessoa afetada.

CNRI/SPL/Glow Images

lombriga

Há casos de vermes muito pequenos que penetram no corpo das pessoas através da pele humana, em geral dos pés, provocando doenças como o amarelão e a **esquistossomose**.

A esquistossomose é, no Brasil, a verminose mais comum transmitida pela água. Ela é muito grave e precisa ser tratada.

Observe, no esquema, como acontece a transmissão da esquistossomose:

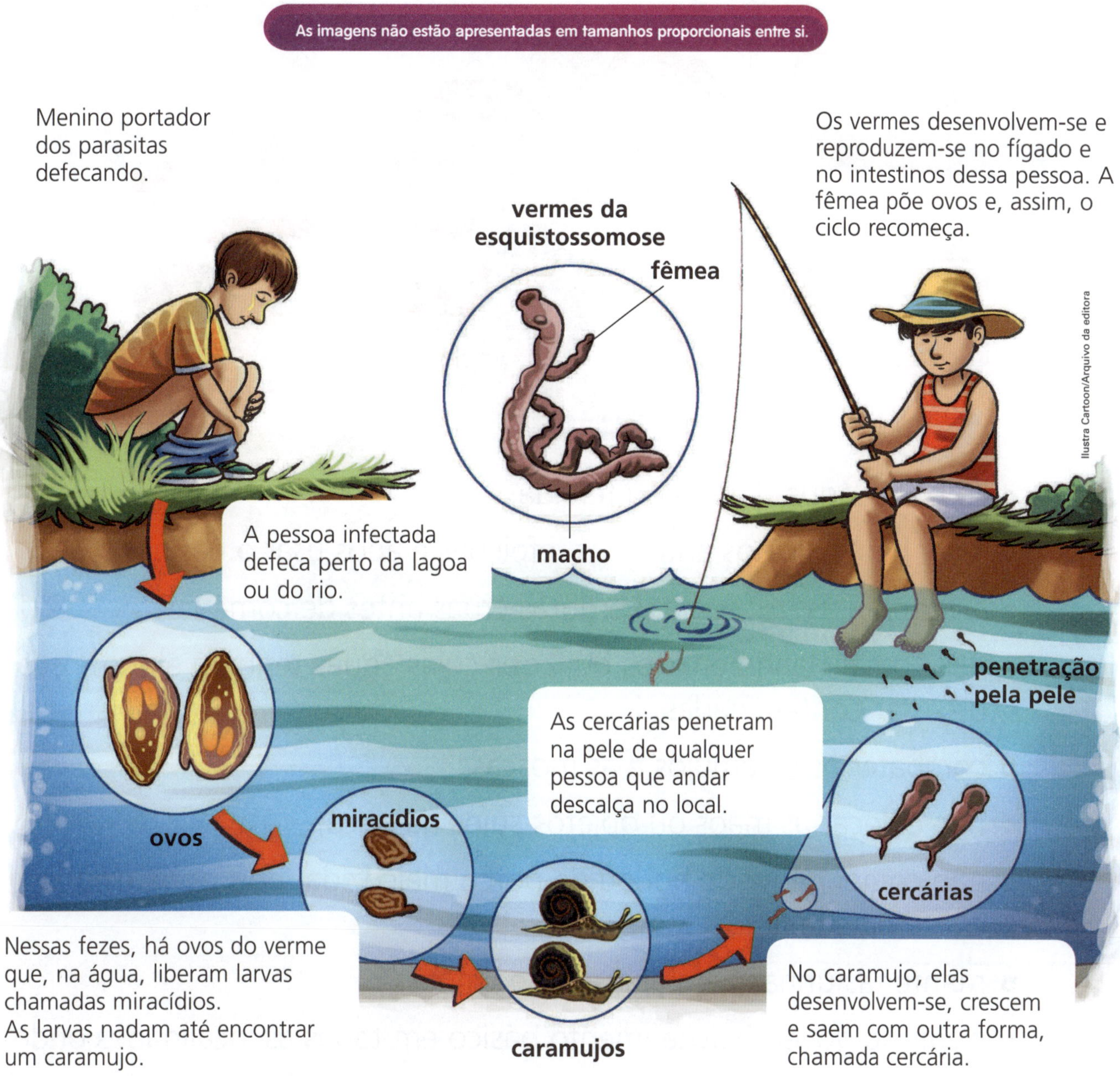

A esquistossomose provoca problemas no fígado da pessoa e aumento do abdome, deixando-a com a barriga bem volumosa. Por isso, é conhecida também pelo nome de "barriga-d'água".

As verminoses são tratadas com remédios chamados vermífugos, receitados por médicos. Existem vermífugos específicos para cada tipo de doença.

Podemos saber se estamos com alguma verminose por meio de um exame de fezes.

É possível evitar as verminoses tomando alguns cuidados, como:

Ilustra Cartoon/Arquivo da editora

- só beber água filtrada ou fervida;
- lavar bem as mãos antes das refeições e após usar o banheiro;
- lavar bem as frutas e as verduras cruas antes de comê-las;
- não tomar banho em rios ou lagos cujas águas tenham algum risco de estar contaminadas;
- combater os caramujos e as moscas;
- não colocar as mãos ou objetos sujos na boca;
- não comer carne de boi ou de porco malcozida, pois pode estar contaminada por larvas;
- manter as unhas bem aparadas e limpas;
- exigir do governo saneamento básico em todas as localidades onde morem pessoas.

De maneira geral, a ocorrência de verminoses está muito relacionada com as condições de vida das pessoas. Assim, de nada adianta curar uma pessoa que sofre de alguma verminose se, voltando ao seu ambiente, ela estiver sujeita a novas infecções.

É preciso que as redes de água encanada e de esgoto sejam estendidas a todas as habitações, por mais simples que sejam. É preciso, também, dar esclarecimento às pessoas para que elas saibam o que fazer a fim de evitar essas doenças.

Atividades

1 O que precisamos fazer para não contrair verminoses?

....

....

....

....

2 Complete o trecho abaixo.

Alguns ...., como a lombriga e a solitária, podem penetrar em nosso .... quando seus .... estão na .... que bebemos ou nos .... que comemos, como carne de porco ou de boi.

3 Assinale com um **X** as opções que indicam como evitar doenças.

( ) Beber qualquer tipo de água.

( ) Não se banhar em água poluída ou contaminada.

( ) Lavar bem os alimentos, como verduras e frutas, antes de comê-los.

( ) Beber somente água filtrada ou fervida.

4 Em que locais as pessoas são mais atingidas pelas verminoses? O que poderia modificar essa situação?

....

....

....

....

Cólera

A cólera é uma doença causada por uma bactéria chamada vibrião colérico. Ela ocorre geralmente em lugares onde não há saneamento básico e é transmitida por meio de água ou alimentos contaminados.

A pessoa que contrai a doença tem diarreia forte, perde água em excesso e fica muito fraca, podendo chegar à morte.

Colônia de vibriões coléricos vista ao microscópio (ampliada cerca de 4600 vezes).

Dengue

A dengue é transmitida pela picada do mosquito *Aedes aegypti* infectado com o vírus causador dessa doença.

O mosquito adquire o vírus quando pica uma pessoa doente. Depois, transmite-o às pessoas que picar em seguida.

Os sintomas da dengue são, entre outros: febre alta, manchas avermelhadas pelo corpo, vômito, dor nos olhos e nas articulações. Aos primeiros sintomas, deve-se procurar assistência médica e nunca se automedicar com comprimidos de ácido acetilsalicílico (AAS).

Podemos prevenir a dengue combatendo o mosquito transmissor. Para isso, devemos: não deixar água parada, manter a caixa-d'água fechada, escorrer a água dos vasos de plantas e colocar areia, fechar bem os sacos de lixo, lavar os vasilhames para água de animal doméstico e guardar garrafas com a boca para baixo.

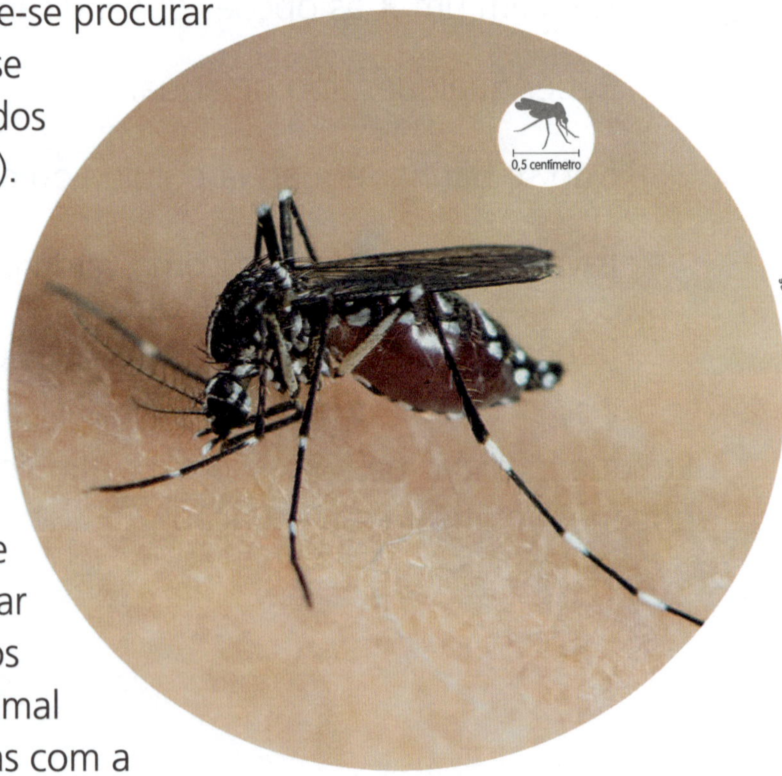

Aedes aegypti

Atividades

1 Pesquise e escreva alguns cuidados, além dos citados abaixo, que podem evitar a cólera.

- Beber somente água filtrada, fervida ou tratada com cloro.
- Lavar bem as mãos após usar o vaso sanitário.

....

....

....

2 Visite um posto de saúde e consiga folhetos informativos sobre doenças. Use o material como modelo para elaborar seu próprio folheto. Que tal escrever sobre como se contrai e como se evita a cólera? A pesquisa que você fez na atividade anterior pode ajudá-lo.

3 Qual é o risco que as pessoas desta casa estão correndo com a água parada nos vasos e nas garrafas? Comente com os colegas.

Ilustra Cartoon/Arquivo da editora

4 Faça um cartaz com o tema a seguir e exponha-o na escola.

> Vamos todos colaborar para o mosquito da dengue não se multiplicar. Você também pode ajudar!

Raiva

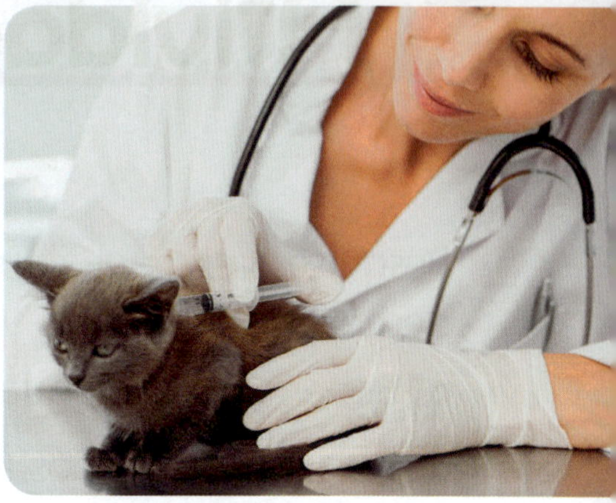
wavebreakmedia

A raiva também é uma doença causada por vírus. Geralmente, ela é transmitida ao ser humano pela mordida e lambida de mamíferos contaminados: cães, gatos, morcegos, macacos.

Se uma pessoa for mordida por algum desses animais, ou se a saliva deles entrar em contato com algum ferimento, deve-se procurar um médico imediatamente, para tomar o soro antirrábico.

O soro antirrábico só é eficiente se a pessoa recebê-lo antes de ficar doente, isto é, antes de apresentar os primeiros sintomas da doença. Esses sintomas são: falta de apetite, insônia, dor de cabeça e mudança de comportamento.

Para evitar a raiva é necessário vacinar os animais domésticos todos os anos.

Doença de Chagas

A doença de Chagas é causada por um parasita que vive no intestino de um inseto sugador de sangue chamado barbeiro.

Se o barbeiro estiver contaminado e picar alguém, o parasita vai para o sangue, provocando a doença.

Renato Soares/Pulsar Imagens

barbeiro

A doença de Chagas provoca mal-estar geral, dor de cabeça e perda de apetite. Causa também danos ao coração e aos órgãos encarregados da digestão.

Se as pessoas forem tratadas conseguem manter-se em boas condições de saúde, mas a doença não tem cura.

O barbeiro é encontrado com maior frequência em casas de pau a pique, isto é, com paredes feitas de barro e galhos de árvores.

Para combater o barbeiro e prevenir a doença de Chagas é necessário dedetizar as casas e mantê-las sempre limpas.

Atividades

1 Júlio ganhou, no seu aniversário, o que ele mais queria: um lindo cãozinho. Qual deverá ser a primeira providência do menino? Por quê?

....

....

....

....

2 Que animais podem transmitir a raiva?

....

....

....

3 Veja as imagens abaixo e identifique quais são as doenças que poderão ser adquiridas se não houver cuidado.

Ilustrações: Ilustra Cartoon/Arquivo da editora

....

Capítulo 23

Vacinas

É importante ficar atento às campanhas de vacinação promovidas pelo governo, pois, graças a elas, muitas doenças já foram erradicadas, ou seja, eliminadas de nosso ambiente.

Um bom exemplo do sucesso dessas campanhas: já faz alguns anos que não ocorre no Brasil nenhum caso de poliomelite – também conhecida como paralisia infantil. Isso porque as crianças de todo o país têm tomado regularmente a vacina Sabin, que protege contra essa doença.

Ramesh Lalwani/Getty Images

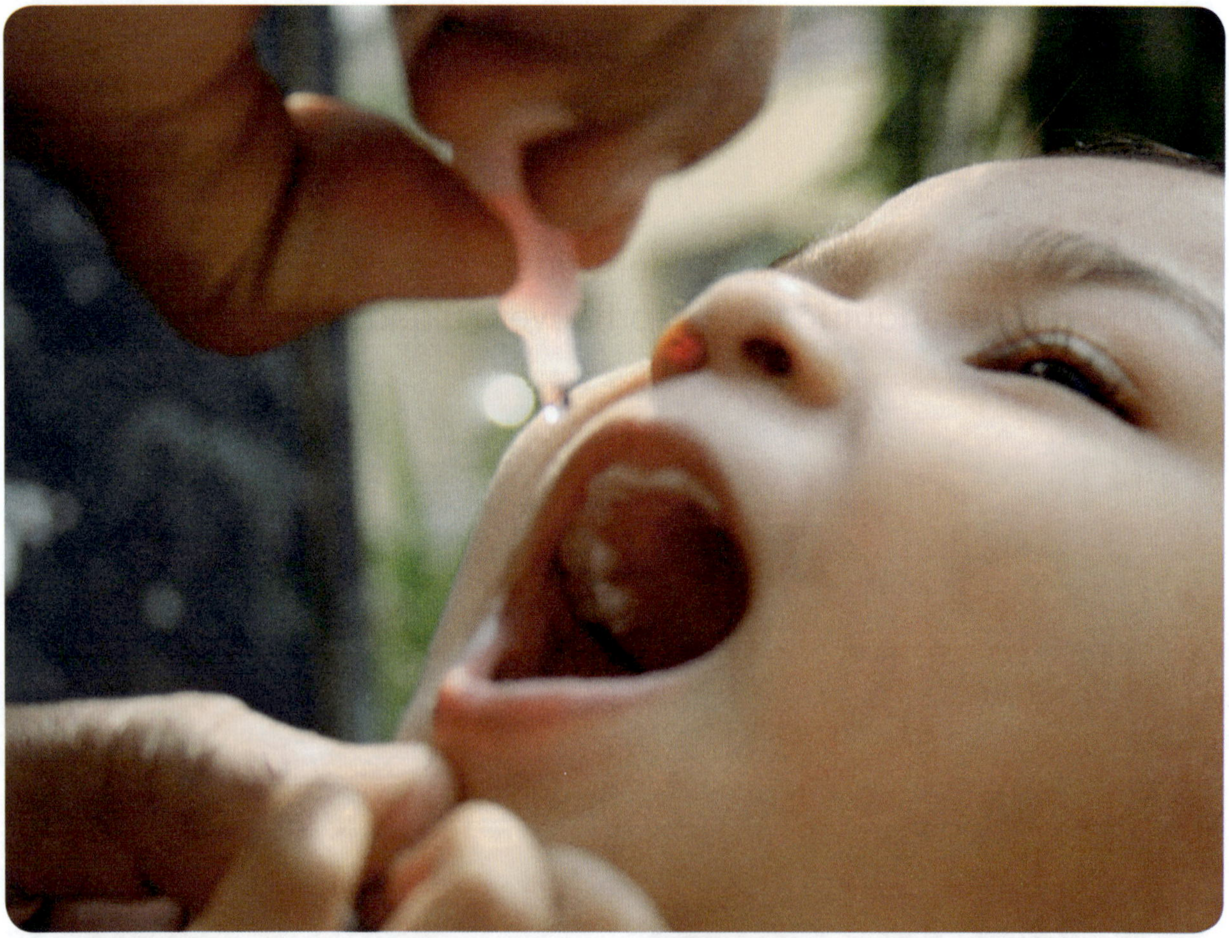

Todas as crianças devem ser vacinadas para que o organismo possa produzir anticorpos. Os anticorpos matam os micróbios causadores de doenças, protegendo, assim, o corpo.

Atividades

1 Sarampo, catapora, caxumba e coqueluche são as doenças que comumente atingem as crianças. Você já teve alguma(s) dela(s)?

....

2 Por que as vacinas são importantes?

....

....

3 Pegue sua carteirinha de vacinação, verifique e anote abaixo as vacinas que você tomou.

Nome da vacina	Doença que previne
....	....
....	....
....	....
....	....
....	....

4 Você deixou de tomar alguma vacina? Em caso afirmativo, pergunte a seus pais ou responsáveis por que isso aconteceu e anote no caderno.

5 O cartaz ao lado foi criado para uma campanha de vacinação.
Crie uma frase chamando as crianças para tomar vacina.

....

....

Divulgação/Ministério da Saúde/Arquivo da editora

Capítulo 24

Como prevenir acidentes

Os acidentes podem ocorrer em qualquer lugar. Muitos deles acontecem por falta de atenção.

Podemos prevenir muitos acidentes, tomando cuidados como:

- não colocar os dedos ou objetos de metal em tomadas ou fios elétricos e não empinar pipas perto da fiação, para evitar choques elétricos;
- não deixar objetos espalhados pelo chão, para evitar que alguém escorregue;
- não acender fósforo perto de álcool, gasolina e outros produtos inflamáveis e não brincar com fogo para evitar queimaduras e incêndios;
- tomar cuidado ao manusear objetos cortantes, como faca, para evitar ferimentos;

Tricia Shay Photography/Getty Images

Criança soltando pipa em local adequado: sem fiação elétrica.

- tomar cuidado com janelas de parapeito baixo e com escadas, evitando quedas;
- não mexer em remédios e produtos de limpeza, para evitar envenenamentos;
- brincar em locais seguros, longe do trânsito de veículos e atravessar as ruas somente com o semáforo aberto para pedestres, na faixa de segurança, evitando atropelamentos.

Atividades

1 Em casa ou na escola algum adulto chama sua atenção para que não aconteçam acidentes? Você acha que esse adulto está certo? Por quê?

2 O que pode acontecer com estas crianças?

Ilustrações: Ilustra Cartoon/Arquivo da editora

3 Você já sofreu algum acidente? Qual? Como foi causado?

4 Escreva em seu caderno cuidados que devem ser tomados para evitar acidentes ao:

a) fazer recortes com a tesoura.

b) andar de *skate*.

c) atravessar ruas.

Capítulo 25

Primeiros socorros

Os **primeiros socorros** são medidas imediatas para ajudar uma pessoa que sofreu um acidente ou começou a passar mal.

Veja a seguir o que pode ser feito em alguns casos de acidentes.

Ilustrações: Ilustra Cartoon/Arquivo da editora

Acidentes com ferimentos leves

- Lavar a ferida com água e sabão e cobrir o ferimento com gaze ou pano limpo.

Acidentes com queimaduras leves

- Lavar o local afetado com água fria. Não furar as bolhas e não colocar desinfetante, algodão ou esparadrapo no ferimento.

Acidentes com choque elétrico

- Desligar a tomada ou a chave geral antes de tocar na pessoa que levou o choque. E, se necessário, desapertar a roupa da pessoa, para que ela respire livremente.

Afogamento

- Deitar a pessoa com cuidado.
- Se ela não estiver respirando, chamar alguém que saiba fazer respiração boca a boca.

Atividades

1 Você já viu alguém prestar os primeiros socorros em casos de acidente? Conte qual foi o acidente e escreva como foi o socorro.

Em casa: ....

....

Na escola: ....

....

Na rua: ....

....

2 Circule no quadro abaixo os materiais que você acha que o professor deve colocar na maleta de primeiros socorros da turma. Depois, escreva uma frase sobre uma situação em que eles poderiam ser usados.

antisséptico	pinça	curativos	água oxigenada
esparadrapo	atadura	tesoura	gaze esterilizada
água destilada	algodão	termômetro	bolsa de água quente

....

....

....

....

....

....

....

....

....

Capítulo 26

A saúde e os avanços da Ciência

Nós vivemos em uma época em que a medicina está bem evoluída. Os cientistas foram descobrindo, com o passar do tempo, diversas maneiras de cuidar das doenças e preveni-las.

As crianças quase não adquirem mais as doenças que eram comuns antigamente, pois antes mesmo de um bebê nascer, ele pode ser observado e receber cuidados médicos.

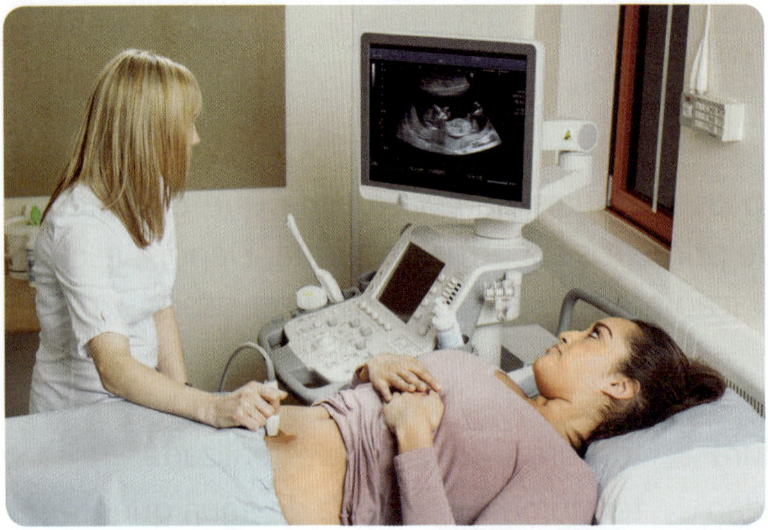
SPL/Glow Images

Por meio do ultrassom o médico acompanha a gestação em todas as suas etapas.

Inventar é criar algo que não existia antes. A descoberta de medicamentos feita por diversos cientistas e também as técnicas médicas cada vez mais avançadas fazem o ser humano viver por mais tempo e com mais saúde.

Peggy Greb/US Department of Agriculture/SPL/Latinstock

Atividades

1 Você sabe contar como foi seu parto? Sabe se sua mãe se recuperou rapidamente? Converse com seus familiares para que possam ajudar você a responder.

....

....

....

....

....

2 Pense na seguinte informação: muitos remédios e experiências são testados primeiramente em ratos, sapos e macacos, para só depois serem utilizados em seres humanos. Por que você acha que esses testes são feitos primeiramente em animais?

SPL/Glow Images

....

....

....

3 Antigamente não havia muito conhecimento sobre as doenças, o que dificultava o tratamento das pessoas que ficavam doentes. Converse com os colegas, professores e familiares sobre as mais novas descobertas feitas pelos cientistas para manter a saúde das pessoas. Vale também apresentar recortes de revistas, jornais e folhetos.

Ideias em ação

A saúde em cartaz

Você sabia que brincar também é uma maneira de manter o corpo saudável? Vamos ver como é divertido ser saudável?

Além da higiene, existem outros hábitos que devemos cultivar para ter um corpo saudável, como ter uma alimentação adequada, praticar esportes, brincar e descansar.

Ilustra Cartoon/Arquivo da editora

Precisamos também contribuir para a limpeza e organização dos locais que frequentamos, como nossa casa, escola, nosso bairro, nossa cidade.

A limpeza e a conservação dos lugares que frequentamos dependem da atitude que temos em relação a eles. Assim, considerando que é de nossa responsabilidade, devemos promover a conservação e higienização de nossas casas e dos ambientes públicos.

Em casa, podemos organizar nossos objetos pessoais e ajudar quem estiver cuidando da limpeza para que toda a família possa viver em um ambiente saudável.

Na escola você também pode contribuir de muitas maneiras. Veja algumas delas a seguir.

- Organizar as carteiras e outros objetos da sala de aula.
- Manter limpos o chão, as paredes e as carteiras.
- Preservar os trabalhos expostos pelos colegas.
- Manter o banheiro limpo.
- Colocar o lixo nas lixeiras adequadas.

Pesquisa

1. Quais hábitos de higiene devemos praticar para manter a saúde do corpo?
2. Além da higiene, que outros hábitos saudáveis devemos praticar?

- Para responder a essas perguntas, utilize as informações deste livro e amplie seus conhecimentos fazendo uma pesquisa em outros livros, revistas, na internet, etc. Você também pode entrevistar profissionais da área da saúde e conhecer a opinião deles sobre o assunto.

Ilustra Cartoon/Arquivo da editora

Observação e conclusão

- Com os resultados da pesquisa, produza panfletos, cartazes, jornais, revistas, vídeos ou encene uma peça de teatro informando sobre a importância da higiene para a manutenção da saúde.
- Utilizando a sua produção e as dos colegas, e com ajuda do professor, vocês poderão criar uma campanha de conscientização e promoção de saúde e apresentá-la à comunidade escolar.
- Aproveite a oportunidade para realizar uma exposição ou um momento com as turmas menores ensinando como realizar uma escovação de dentes eficaz, por exemplo.

Livros

Editora Paulinas/Mario Cafiero/Arquivo da editora

A árvore

Bartolomeu Campos Queirós. São Paulo: Paulinas, 2010.

Um texto poético, não por apresentar rimas, mas por eleger uma árvore e, mediante uma riqueza de imagens figurativas, acordar nosso olhar para seu modo de ser, de se dar, de ensinar, chamando também nossa atenção para os pequenos seres que nela habitam.

Editora Scipione/Arquivo da editora

A terra do povo da graça

Sergio Serrano. São Paulo: Scipione, 2010.

Em nosso mundo, a natureza nos dá tudo aquilo de que precisamos. Mas e se um dia a Terra parasse de fornecer matéria-prima e energia? O que aconteceria com as pessoas?

Editora Scipione/Ilustração: Biry/Arquivo da editora

A última gota

J. L. Diego. São Paulo: Scipione, 2010.

Kika chegou da escola superpreocupada com a falta de água no planeta. Mestre Li a aconselhou a ler a história de Chuvisca, a última gota, que fugia dos exércitos clonadores. Em seu caminho, a gotinha se deparou com muitas cenas de escassez e desperdício de água, mas nunca perdeu a esperança de encontrar soluções para o problema.

Editora Globo/Arquivo da editora

Bocão e os bichos

Ziraldo. São Paulo: Globo, 2013.

Bocão é um garoto de muito bom coração; gosta muito de animais. Ele e toda a turma do Menino Maluquinho dividem a cena com animais mitológicos, animais em extinção e animais de estimação, em histórias engraçadas, permeadas de curiosidades e informações.

Editora Paulinas/Arquivo da editora

Com quem estamos?

Ely Barbosa. São Paulo: Paulinas, 2009.

Nana queria saber com quem estamos neste mundo. "Encolhidos" pelo robô e acompanhados por ele, a menina e Bruninho percorreram desde o interior da própria casa até cidades, campos, florestas, regiões polares, conhecendo inumeráveis espécies animais e vegetais. E concluíram: "Vivemos com milhões de outros seres que têm direito à vida como nós".

Editora Panda Books/ Arquivo da editora

De onde vem o arco-íris?

Celia Catunda. São Paulo: Panda Books, 2009.

Kika conta com a ajuda do Sol Falante e do cientista Isaac Newton para descobrir como um arco-íris veio parar no jardim de sua casa. Além de ficar sabendo de onde vem o arco-íris, ela aprende a origem das cores.

Editora Scipione/Arquivo da editora

Quer uma mãozinha?

Claire Llewellyn. São Paulo: Scipione, 2010.

Por que temos de ajudar as pessoas em casa, na vizinhança, na escola? A colaboração é indispensável na convivência com os outros. Ao mesmo tempo em que ajudamos também recebemos ajuda.

Sites@

TV Cultura/Arquivo da editora

TV Cultura – Chuá Chuágua

<www2.tvcultura.com.br/aloescola/infantis/chuachuagua/index.htm>

Saiba mais sobre a importância da água para a vida e veja algumas dicas de preservação desse recurso.

Reprodução/<www.manualdomundo.com.br>

Manual do Mundo

<www.manualdomundo.com.br>

O *site* Manual do Mundo tem diversos vídeos, desafios e dicas utilizando a ciência de maneira muito interessante e divertida.

@ *Sites* acessados em: 05 maio 2015.

Abdome (p. 128):

parte do corpo humano e dos mamíferos, entre o tórax e a pelve. Nos invertebrados é a parte superior do corpo.

Piyathep/Shutterstock/Glow Images

Abrigo (p. 25):

proteção.

Adubo (p. 28):

material utilizado para fertilizar ou recuperar o solo das plantações.

Ilustra Cartoon/Arquivo da editora

Agricultura (p. 27):

arte de cultivar, plantar e cuidar das plantas.

Anticorpos (p. 154):

minúsculas estruturas no sangue que ajudam a combater doenças.

Bactéria (p. 150):

ser vivo microscópico que vive no solo, na água, na matéria orgânica ou nos corpos de plantas e animais.

Broto (p. 60):

órgão que rompe, brota nos vegetais e é capaz de se desenvolver.

Cartilagem (p. 92):

tecido resistente e flexível, constituindo elemento importante do mecanismo de crescimento.

Cisternas (p. 32):

espécie de poço que coleta a água das chuvas.

João Carlos Mazella/FotoArena

Enzima (p. 69):

proteína produzida por seres vivos capaz de causar reações químicas relacionadas com a vida.

Espécie (p. 63):

característica comum que serve para dividir os seres em grupos.

Estratosfera (p. 11):

camada da atmosfera entre 11 km e 50 km de altura.

Fertilidade (p. 29):

propriedade de produzir muito. Aumentar a fertilidade do solo é tratá-lo para que as plantas se desenvolvam mais e melhor.

Homogêneo (p. 26):

de consistência única, que não é misturado.

Inflamáveis (p. 156):

que podem pegar fogo facilmente.

Ilustra Cartoon/Arquivo da editora

Matéria orgânica (p. 28):

restos de animais e vegetais mortos, em decomposição.

Matéria-prima (p. 40):

matéria bruta ou pouco elaborada com que se fabrica alguma coisa. A matéria-prima da seda natural, por exemplo, é o fio produzido pelo bicho-da-seda.

Nutricionista (p. 123):

especialista no estudo da alimentação dos seres humanos e dos animais.

Parasitas (p. 152):

seres vivos que se instalam no corpo de outros, prejudicando-os.

Pediatra (p. 123):

médico especialista em estudar as crianças.

Pólen (p. 64):

estrutura produzida pela parte masculina da flor, um tipo de pó fino amarelo, que participa da reprodução da planta.

Vahan Abrahamyan/Shutterstock/Glow Images

Tórax (p. 93):

parte do corpo situada entre o pescoço e o músculo do diafragma e que aloja os principais órgãos da respiração e da circulação; peito.

Úmidos (p. 52):

levemente molhados.

Vírus (p. 150):

é um tipo de microrganismo causador de doenças, como gripe, catapora, caxumba, sarampo, dengue, entre outras, as quais também são contagiosas. Para ver os vírus, é preciso ter um instrumento especial, o microscópio eletrônico. Diferentemente de outros microrganismos, como as bactérias, que podem ser encontradas na água, no ar e em nosso corpo, os vírus só podem sobreviver dentro de outro ser vivo.

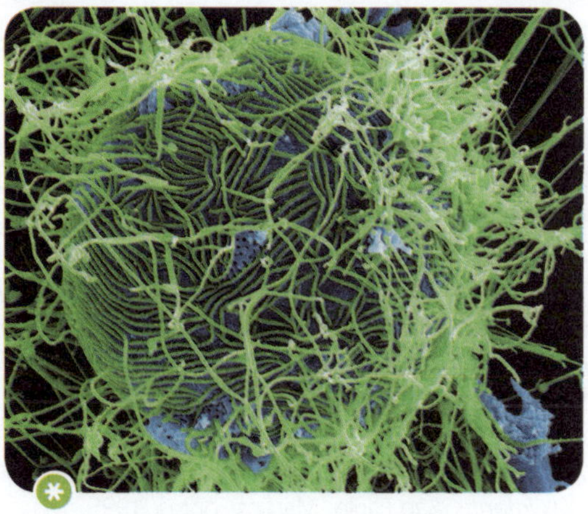

NIAID/BSIP/Glow Images

Vírus do ebola numa célula humana; imagem aumentada cerca de 25.000 vezes.

ALENCAR, E. S. de (Org.). *Novas contribuições da psicologia aos processos de ensino e aprendizagem*. 4. ed. São Paulo: Cortez, 2001.

ANTUNES, C. *Jogos para a estimulação das múltiplas inteligências*. 12. ed. Petrópolis: Vozes, 2003.

ARMSTRONG, A.; CASEMENT, C. *A criança e a máquina*: como os computadores colocam a educação de nossos filhos em risco. Porto Alegre: Artmed, 2001.

ARRIBAS, T. L. *Educação infantil*: desenvolvimento, currículo e organização escolar. 5. ed. Porto Alegre: Artmed, 2004.

BARBOSA, L. M. S. *Temas transversais*: como utilizá-los na prática educativa. Curitiba: IBPEX, 2007.

BARCELOS, V. *Octávio Paz* – da ecologia global à educação ambiental na escola. Lisboa: Instituto Piaget, 2007.

BRANCO, S. M. *Viagem ao redor do Sol*. 2. ed. São Paulo: Moderna, 2003.

BRASIL. Ministério da Educação. *Ensino fundamental de nove anos*: Orientações para a Inclusão da Criança de Seis Anos de Idade. Brasília: MEC/SEB/FNDE, 2006.

BRASIL. Ministério da Educação. *Pró-letramento*: programa de formação continuada de professores das séries iniciais do ensino fundamental. Brasília: MEC/SEB/FNDE, 2006.

______. Secretaria de Educação Fundamental. *Parâmetros curriculares nacionais*: ciências naturais, meio ambiente e saúde. Brasília: MEC/SEF, 1997.

______. Secretaria de Educação Fundamental. *Parâmetros curriculares nacionais*: temas transversais – apresentação, ética, pluralidade cultural, orientação sexual. Brasília: MEC/SEF, 1997.

______. Secretaria de Educação Fundamental. *Referencial curricular nacional para educação infantil*. Brasília, 1998.

CALLENBACH, E. *Ecologia*: um guia de bolso. São Paulo: Peirópolis, 2001.

CANIATO, R. *Com Ciência na Educação*. Campinas: Papirus, 2003.

CAPRA, F. et al. *Alfabetização ecológica*: a educação das crianças para um mundo sustentável. São Paulo: Cultrix, 2006.

CARVALHO, F. C. A. *Tecnologias que educam*. São Paulo: Pearson, 2010.

CIÊNCIA HOJE NA ESCOLA. Rio de Janeiro: SBPC/Ciência Hoje, 2000.

CIÊNCIA VIVA. *A construção do conhecimento*. São Paulo: Meca, 2001.

COELHO, M. I. M.; COSTA, A. E. B. (Col.). *A educação e a formação humana*. Porto Alegre: Artmed, 2009.

CUNHA, N. H. S. *Criar para brincar*: a sucata como recurso pedagógico. São Paulo: Aquariana, 2005.

DELIZOICOV, D.; ANGOTTI, J. *A metodologia do ensino de ciências*. São Paulo: Cortez, 1990.

DEVRIES, R. e outros. *O currículo construtivista na educação infantil*: práticas e atividades. Porto Alegre: Artmed, 2004.

DOW, K.; DOWNING, T. E. *O atlas da mudança climática*. São Paulo: Publifolha, 2007.

EINZIG, M. J. (Ed.). *Manual de primeiros socorros às emergências infantis*. São Paulo: Martins Fontes, 1995.

ESTEBAN, M. T. O que sabe quem erra? *Reflexões sobre avaliação e fracasso escolar*. 4. ed. Rio de Janeiro: DP&A, 2006.

FAZENDA, I. C. A. *Didática e interdisciplinaridade*. Campinas: Papirus, 2010.

GADOTTI, M. *Pedagogia da terra*. São Paulo: Peirópolis, 2000.

GARDNER, H. *Inteligências múltiplas*: a teoria na prática. Porto Alegre: Artmed, 1995.

GOULART, I. B. *Piaget*: experiências básicas para utilização pelo professor. Petrópolis: Vozes, 2003.

GREIG, P. *A criança e seu desenho*: o nascimento da arte e da escrita. Porto Alegre: Artmed, 2004.

GUIMARÃES, M. *A formação de educadores ambientais*. Campinas: Papirus, 2004.

GUZZO, V. *A formação do sujeito autônomo*: uma proposta da escola cidadã. Caxias do Sul: Educs, 2004.

HOFFMANN, J. *Avaliar para promover*: as setas do caminho. Porto Alegre: Mediação, 2009.

KOHL, M. F. *Iniciação à arte para crianças pequenas*. Porto Alegre: Artmed, 2005.

KRAEMER, L. *Quando brincar é aprender*. São Paulo: Loyola, 2007.

LEGAN, L. *A escola sustentável*: eco-alfabetizando pelo ambiente. São Paulo: Imesp; Pirenópolis: Ecocentro, Ipec, 2007.

LUCKESI, C. C. *Avaliação da aprendizagem escolar*: estudos e proposições. 18. ed. São Paulo: Cortez, 2006.

MARZANO, R. J.; PICKERING, D. J.; POLLOCK, J. E. *O ensino que funciona*: estratégias baseadas em evidências para melhorar o desempenho dos alunos. Porto Alegre: Artmed, 2008.

MINOZZO, E. L.; ÁVILA, E. P. de. *Escola segura*: prevenção de acidentes e primeiros socorros. Porto Alegre: AGE, 2006.

MOYLES, J. R et al. *A excelência do brincar*. Porto Alegre: Artmed, 2006.

OLIVEIRA, Z. R. de. *Educação Infantil*: fundamentos e métodos. São Paulo: Cortez, 2002.

PANIAGUA, G.; PALACIOS, J. *Educação infantil*: resposta educativa à diversidade. Porto Alegre: Artmed, 2007.

PERRENOUD, P. et al. *A escola de A a Z*: 26 maneiras de repensar a educação. Porto Alegre: Artmed, 2005.

REIGOTA, M. (Org.). *Verde cotidiano*: o meio ambiente em discussão. 2. ed. Rio de Janeiro: DP&A, 2001.

REVISTA NOVA ESCOLA. São Paulo: Abril.

ROEGIERS, X. *Aprendizagem integrada*: situações do cotidiano escolar. Porto Alegre: Artmed, 2006.

SÁNCHES, P. A.; MARTÍNEZ, M.R.; PEÑAVER, I. V. A. *Psicomotricidade na Educação Infantil*. Porto Alegre: Artmed, 2003.

SANCHO, J. M. et. al.*Tecnologias para transformar a educação*. Porto Alegre: Artmed, 2006.

SCHILLER, P; ROSSANO, J. *Ensinar e aprender brincando*: mais de 750 atividades para Educação Infantil. Porto Alegre: Artmed, 2008.

SILVA, J. F. da; HOFFMANN, J.; ESTEBAN, M. T. (Orgs.). *Práticas avaliativas e aprendizagens significativas*. Porto Alegre: Mediação, 2003.

VILLAS BOAS, B. M. de F. *Virando a escola do avesso por meio da avaliação*. Campinas: Papirus, 2008.

Material de apoio

3º ANO

Caderno de experiências

Lupa: Sanake3d/Shutterstock/Glow Images; Joaninha: Ilona Baha/Shutterstock/Glow Images.

editora scipione

Anemômetro

O anemômetro é um instrumento usado pelos meteorologistas para medir a velocidade do vento. Que tal construir um?

Material necessário

- 4 copos descartáveis
- tesoura sem pontas
- 1 canetinha
- 2 tiras de papel-cartão com o mesmo comprimento
- grampeador
- alfinete
- lápis bem apontado, com borracha na ponta
- massa de modelar
- relógio

Dicas importantes:

- Durante as atividades práticas, esteja sempre atento.
- Acompanhe e siga corretamente as etapas de cada experiência.
- Não guarde dúvidas. Pergunte tudo o que você não tiver entendido.
- Tome bastante cuidado durante as experiências e ao manusear o material. Não tente fazer sozinho uma atividade que deve ser feita com a ajuda de um adulto.
- Anote tudo que achar importante e, quando estiver observando alguma planta ou inseto, faça desenhos simples para poder pesquisá-los mais tarde.

Sempre peça ajuda a um adulto antes de usar alfinetes e grampeadores!

Procedimentos

1. Peça a um adulto que corte a boca dos copinhos removendo a borda enrolada para torná-los mais leves.
2. Com a canetinha, pinte a parte interna de apenas um dos copos.
3. Cruze as tiras de papel-cartão no formato do sinal de mais (+). Grampeie as tiras.
4. Certifique-se de que todos os copos estão virados para o mesmo lado e grampeie-os nas pontas das tiras do papel-cartão.

Ilustra Cartoon/Arquivo da editora

5. Passe o alfinete exatamente pelo centro do papel-cartão. Depois, encaixe-o na borracha do lápis. Sopre os copos para verificar se o anemômetro gira livremente no alfinete.

6. Coloque a massa de modelar em um lugar fora de casa, como na grade da varanda, em uma cerca de madeira, num muro ou numa pedra.

7. Enfie o lápis apontado na massa de modelar de forma que o anemômetro fique em pé.

Ilustra Cartoon/Arquivo da editora

8. Usando o seu relógio, conte quantas voltas o copo colorido dá em um minuto. Dessa forma, você está medindo a velocidade do vento em voltas por minuto!

Adaptado de: **Criando habitats na escola sustentável: livro de atividades**. São Paulo: Imprensa Oficial/Pirenópolis: Ecocentro Ipec, 2009. p. 77-78.

Observação e conclusão

- Quantas voltas por minuto o seu anemômetro deu?

....

Agora, mude o anemômetro de lugar. Será que a velocidade do vento é diferente em outros lugares? Registre suas observações.

....

....

....

....

Pluviômetro

Para saber quanto choveu em uma região, os meteorologistas usam um aparelho chamado pluviômetro. Ele é muito útil para verificar mudanças climáticas e comparar os níveis de chuva em diferentes lugares.

Material necessário

- recipiente cilíndrico transparente
- garrafa PET
- régua
- 1 canetinha
- fita adesiva
- tesoura sem pontas

Ilustrações: Ilustra Cartoon/Arquivo da editora

Procedimentos

1. Peça a um adulto que corte a parte superior da garrafa, fazendo um funil.
2. Use a régua e a canetinha para marcar, de baixo para cima, os milímetros no recipiente.
3. Encaixe o funil no recipiente plástico e prenda-o com fita adesiva.
4. Quando você perceber que vai chover, deixe o pluviômetro em um lugar aberto, longe de paredes e muros. Calce-o com pedras para que não caia.
5. Após a chuva, recolha o pluviômetro e veja a altura da coluna de água em seu interior.

Disponível em: <www.cienciamao.usp.br/tudo/exibir.php?midia=rip&cod=_pluviometro>. Acesso em: 15 abr. 2015. (Texto adaptado).

Tinta de beterraba

Os alimentos contêm substâncias chamadas pigmentos, responsáveis pela coloração. Eles estão presentes, por exemplo, na cor da beterraba ou na cor da pele.

Desde os tempos antigos, os pigmentos das plantas são utilizados para tingir tecidos ou fazer pinturas.

Material necessário

- beterraba
- água
- pincel
- pote plástico
- papel branco

Ilustrações: Ilustra Cartoon/Arquivo da editora

Procedimentos

1. Peça a um adulto que ferva uma beterraba em uma panela com água, até que esta adquira uma cor forte.

2. Deixe a água esfriar e despeje-a no pote.

3. Mergulhe o pincel nessa água e pinte sobre o papel.

Colecionando folhas e plantas

Material necessário

- caderno de desenho pequeno
- pedaços de papel (podem ser de jornal)
- folhas de plantas diversas
- livros pesados
- fita adesiva
- papel resistente (papel-cartão, por exemplo)
- giz de cera
- papel sulfite
- tesoura sem pontas
- cola

Procedimentos

1. Dê uma volta pelas redondezas da escola ou de sua casa para coletar as folhas que você encontrar no chão. Tome cuidado para que elas fiquem inteiras.
2. Limpe as folhas e coloque-as bem esticadinhas entre dois pedaços de papel.
3. Coloque livros pesados em cima.
4. Depois de aproximadamente 15 dias, as folhas estarão planas e secas. Fixe-as no caderno de desenho com pedacinhos de fita adesiva.
5. Se souber, escreva ao lado de cada folha o nome da planta e o dia da coleta.

Ilustrações: Ilustra Cartoon/Arquivo da editora

Sugestão para a capa do caderno

6. Coloque sobre uma mesa algumas folhas secas com o lado das nervuras para cima.
7. Cubra-as com o papel sulfite e esfregue o giz de cera sobre elas até aparecer o desenho de suas formas.

Ilustrações: Ilustra Cartoon/Arquivo da editora

8. Recorte o desenho das folhas e cole na capa do caderno, decorando-a como quiser.

Observação e conclusão

- Será que as folhas colecionadas por seus colegas são parecidas com as suas?

  Observe bem o conjunto de folhas (as suas e as dos colegas). Identifique em que aspecto houve mais variações: tamanho, forma, cor ou recorte das bordas.

Pintando com solo

Material necessário

- papel para desenhar
- pincel
- amostras de solo
- água
- copinhos plásticos

Procedimentos

1. Fazer tintas de solo é bastante fácil! Coloque uma colher bem cheia de cada uma das amostras de solo em copinhos e depois acrescente água. Misture bem.

2. Agora é só ver a cor de cada amostra. Usando o pincel, teste suas novas tintas em uma folha. Assim você saberá qual é a cor e a textura da tinta que cada amostra de solo produziu.

3. Misture algumas tintas para conseguir cores e texturas diferentes.
4. Por fim, faça um desenho usando suas tintas.

Ilustrações: Ilustra Cartoon/Arquivo da editora

Disponível em: <www.cienciamao.usp.br/tudo/sol.php?cod=_pintandocomamostrasdesolo58645>. Acesso em: 3 maio 2011. (Texto adaptado).

Refração

Material necessário

- copo transparente
- água
- canudinho

Procedimentos

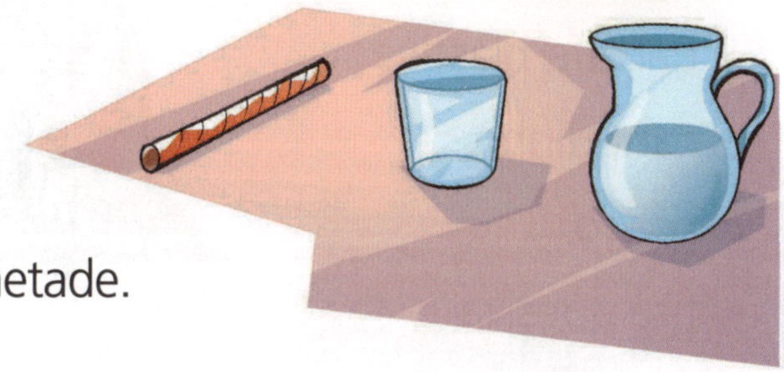

1. Coloque o canudinho dentro do copo.
2. Preencha o copo com água até a metade.
3. Observe.

Ilustrações: Ilustra Cartoon/Arquivo da editora

Disponível em: <www.tvcultura.com.br/x-tudo/experiencia/03/refracao.htm>. Acesso em: 3 maio 2011. (Texto adaptado).

Observação e conclusão

- De que forma você vê o canudo? Por que você acha que isso acontece?

....

....

....

....

O espaço que o ar ocupa

Você sabe que o ar está em todo lugar. Que tal verificar como ele ocupa o espaço?

Material necessário

- bexiga
- garrafa plástica
- canudinho
- prego
- fita adesiva

Procedimentos

1. Encaixe a boca da bexiga na boca da garrafa plástica e coloque o balão para dentro da garrafa.

2. Peça a um adulto que faça um furo na lateral da garrafa com o prego.

3. Sopre a bexiga pelo bocal da garrafa, inflando-a o máximo que puder.

Ilustrações: Ilustra Cartoon/Arquivo da editora

4. Em seguida, tampe o furinho com uma fita adesiva, sopre a bexiga novamente e veja o que acontece.

5. Tire a fita adesiva, encaixe o canudinho no furo e sopre bem forte. Veja o que acontece.

6. Agora, puxe o ar pelo canudinho e veja o que acontece.

Ilustrações: Ilustra Cartoon/Arquivo da editora

Adaptado de: **Professor Sassá**. São Paulo: Minuano, n. 29, 2011, p. 11.

Observação e conclusão

- O que aconteceu quando você:
  - assoprou a bexiga com o furo aberto?

  ....

  - assoprou a bexiga com o furo fechado?

  ....

  - assoprou o furo com o canudinho?

  ....

  - puxou o ar do furo com o canudinho?

  ....

Converse com os colegas e veja se descobrem por que essas reações aconteceram.

Cozinhando com o Sol

O calor do sol aquece tudo na Terra. Você sabia que com os raios infravermelhos do Sol é possível cozinhar um alimento? Faça um teste em um dia bem quente.

Material necessário

- 2 copos de isopor
- 2 pedaços de papel preto
- 1 fatia de maçã ou banana
- filme plástico
- fita adesiva
- papel-alumínio

Ilustrações: Ilustra Cartoon/Arquivo da editora

Procedimentos

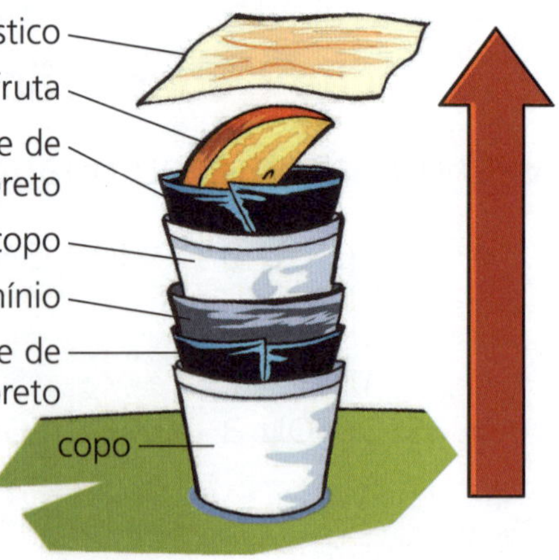

1. Pegue um dos copos e encaixe em seu interior um cone de papel preto e, depois, forre-o com papel-alumínio.
2. Ponha o segundo copo sobre essas camadas, forre-o com o outro pedaço de papel preto e coloque uma fatia de maçã dentro dele.
3. Cubra o copo com a maçã com o filme plástico e prenda-o com fita adesiva.
4. Deixe ao Sol forte por algumas horas e acompanhe o cozimento da fruta a cada duas horas. Se precisar, crie um apoio para que o forno fique em pé.

Adaptado de: **Criando habitats na escola sustentável: livro de atividades**. São Paulo: Imprensa Oficial/Pirenópolis: Ecocentro Ipec, 2009, p. 68.

Material de apoio

3º ANO

Caderno de criatividade e alegria

Goritza/Shutterstock/Glow Images

editora scipione

Viagem espacial

Neste jogo, o seu foguete partirá de Mercúrio, em uma viagem até Netuno. Para saber como jogar, leia as instruções da página ao lado.

Cassiano Rôda/Arquivo da editora

Como jogar:

- Recorte os foguetes e as fichas abaixo. Misture as fichas e empilhe-as com o texto virado para baixo. Cada jogador posiciona seu foguete no planeta Mercúrio para começar a viagem.
- Na sua vez, cada jogador move seu foguete um planeta em direção a Netuno. Depois, pega uma ficha, obedece às indicações escritas e passa a vez ao próximo.
- Vence o jogador que chegar primeiro a Netuno.

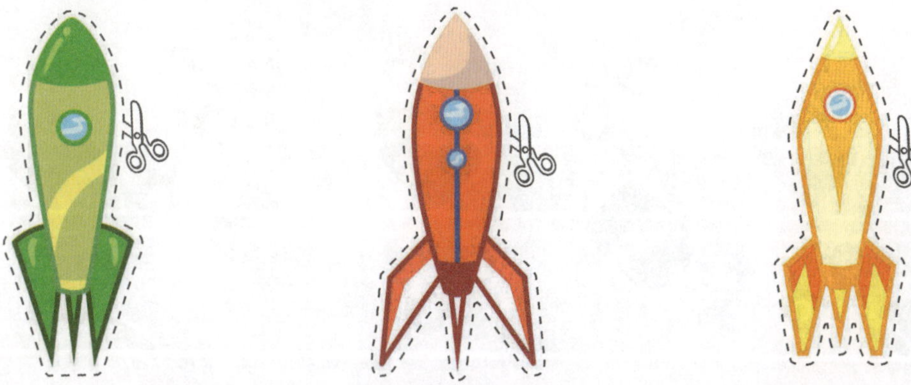

Ilustra Cartoon/Arquivo da editora

Vá ao planeta onde há vida.	Fique onde está.	Vá ao planeta conhecido por seus anéis.	Vá ao segundo planeta depois da Terra.
Fique onde está.	Volte um planeta.	Pule um planeta.	Vá ao planeta mais próximo do Sol.
Vá até o quarto planeta.	Vá até o planeta anterior a Netuno.	Pule dois planetas.	Vá até o próximo planeta.

Vegetais em nossa vida

Recorte os vegetais da página 7 e cole-os nos quadros correspondentes abaixo.

Fornece madeira e celulose.

Sua folha é usada para fazer remédio.

Fruto usado para fazer chocolate.

Raiz usada como alimento. O coelho adora.

Fornece látex para fabricar borracha.

A partir dele se faz tecido.

Conjunto de flores brancas comestíveis.

Fornece essência (óleo aromático) para fazer perfume.

Fruto usado na fabricação de refrigerante.

Jacek/kino.com.br

Janduari Simões/Folhapress

Thaís Brandão/Folhapress

Walter de Carvalho/Agência A Tarde/Folhapress

Edson Silva/Folhapress

Marcos Bergamasco/Folhapress

Jacek/kino.com.br

Daigo Oliva/Folhapress

Haroldo Palo Jr./kino.com.br

Animais vertebrados e invertebrados

Você sabe se todos estes animais têm esqueleto?

Para descobrir, recorte esta página e a página 11 e olhe as imagens contra a luz.

Sapo

Peixe

Caracol

Galo

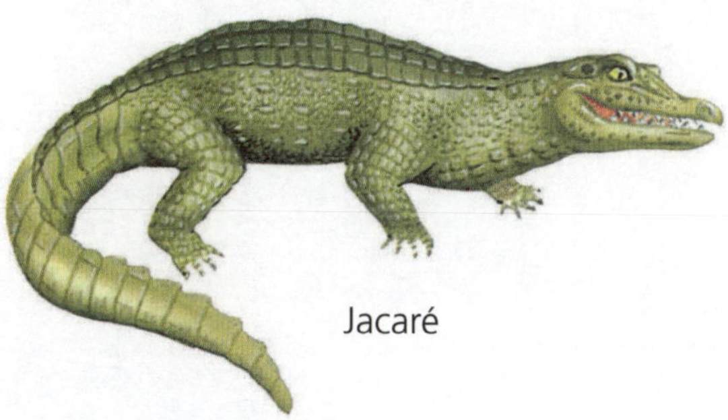
Jacaré

Ilustrações: Osni de Oliveira/Arquivo da editora

Pomba

Tubarão

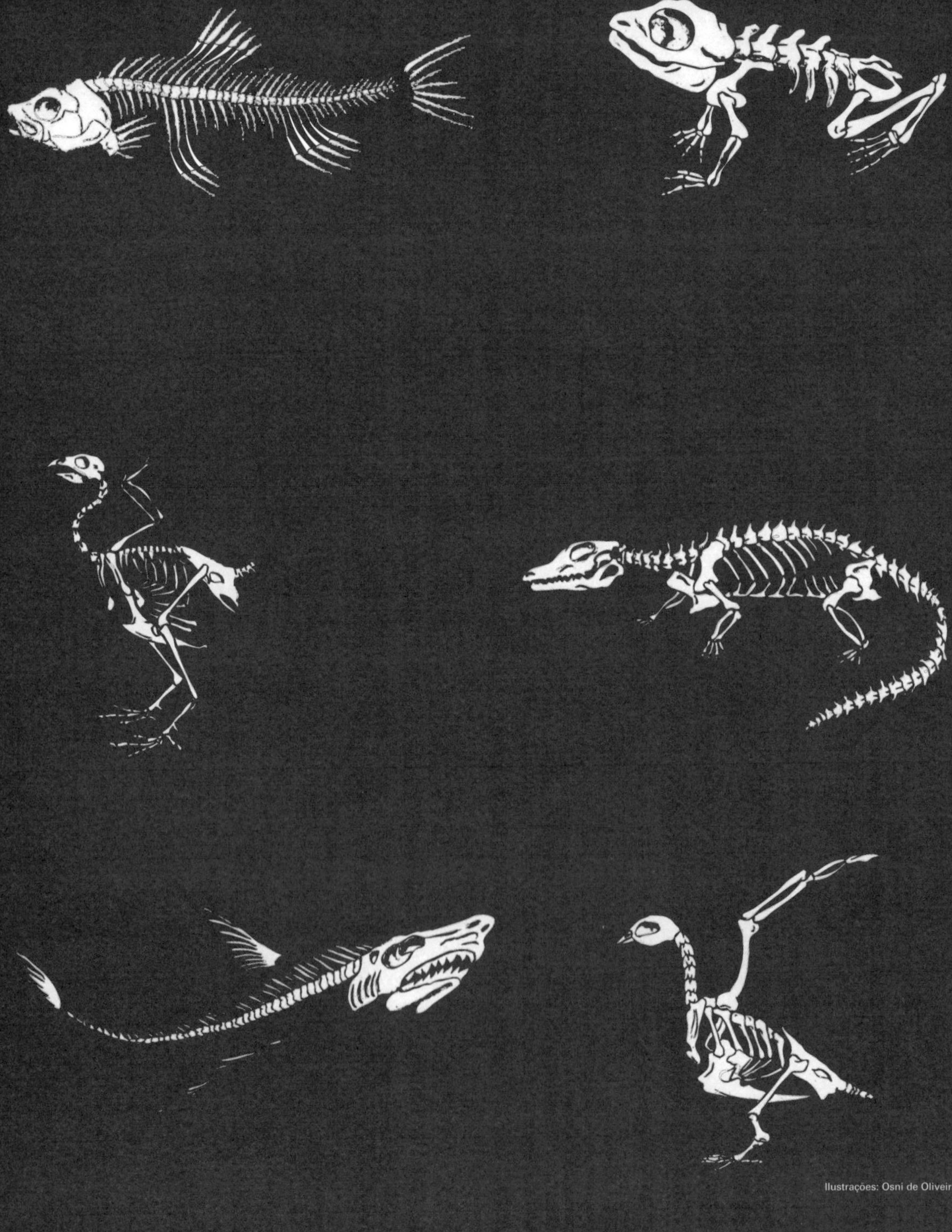

Ilustrações: Osni de Oliveira/Arquivo da editora

Cavalo

Estrela-do-mar

Ilustrações: Osni de Oliveira/Arquivo da editora

Gafanhoto

Borboleta

Medusa

Tartaruga

Gavião

Cobra

Ilustrações: Osni de Oliveira/Arquivo da editora

5 Separar o lixo ajuda na reciclagem do lixo.

Por quê?

Porque diminui o consumo dos recursos naturais para a fabricação de novos produtos.

6 Economizar água ajuda a preservar o meio ambiente.

Por quê?

Porque a água é um recurso importante para todos os seres vivos e ela não é infinita, isto é, se for usada com desperdício, um dia ela pode acabar.

7 Construir rampas de acesso é respeitar as pessoas com deficiência física e os idosos.

Por quê?

Porque assim, os deficientes físicos e os idosos podem acessar livremente as áreas de convivência e os estabelecimentos públicos e comerciais.

8 Cuidar para que os animais silvestres permaneçam livres ajuda a preservar a natureza.

Por quê?

Porque a morte de espécies de animais silvestres causa um desequilíbrio em relação a outras espécies e à vegetação.

ImageChina/AP Images/Glow Images

9 Plantar árvores colabora com um ar mais puro.

Por quê?

Porque as árvores, graças ao processo de fotossíntese, devolvem o gás oxigênio para a atmosfera.

10 Não jogar lixo nos rios e lagos é uma atitude sustentável.

Por quê?

Porque ajuda a manter a limpeza da água e a evitar enchentes e doenças.

Michael Hall/Getty Images

Meio ambiente

Andréia Vieira/Arquivo da editora

Meio ambiente

A figura da parte interna mostra diversas situações que contribuem para o bom convívio entre as pessoas e para um ambiente sustentável. Entenda melhor algumas delas.

1 Usar meio de transporte não poluente, como a bicicleta, ajuda a preservar o meio ambiente.

Por quê?

Porque a bicicleta é movida pela força dos músculos de quem pedala, portanto, além de fazer bem à saúde, ela não emite gases que poluem a atmosfera.

Zoonar/Steve Heap/Alamy/Glow Images

2 Recolher as fezes do seu animal de estimação é cuidar dele com responsabilidade.

Por quê?

Porque mantemos o ambiente limpo para todos, inclusive para o nosso animalzinho.

3 Dar preferência ao consumo de produtos orgânicos e naturais é uma atitude sustentável.

Por quê?

Porque os produtos naturais passam por processos que respeitam o meio ambiente e causam menos impacto sobre a natureza.

4 Dar preferência a brincadeiras ao ar livre contribui para o bom convívio social.

Por quê?

Porque fazemos novos amigos. Além disso, brincar ao ar livre faz bem para a saúde, pois movimentamos o corpo.

Tom Merton/Getty Images

Olá!

Nossa revista chega à sua terceira edição abordando alguns temas científicos em evidência no mundo.

Nesta edição, o destaque vai para a reportagem sobre os dinossauros, que, mesmo tendo vivido há milhões de anos, continuam sendo objetos de estudo dos cientistas.

O meio ambiente também está na pauta quando discutimos o problema do lixo no planeta e a reciclagem.

A nossa missão é trazer a ciência até você de forma mais leve e interessante.

Boa leitura!

...endo

11

Por que as pessoas usam óculos?

Baú de curiosidades

12

Os segredos do coco

Receita: sequilho de coco

Sustentabilidade

15

Cada um no seu lugar

Divirta-se

16

O dinossauro preferido

Grandes feras

Dorling Kindersley/
Getty Images

Quem disse que dinossauros são animais do passado? A todo momento, cientistas encontram fatos novos sobre esses gigantes mesozoicos!

Em 1995, um caçador de fósseis achou na Argentina o esqueleto de uma espécie desconhecida. Cientistas concluíram que a enorme criatura carnívora era maior que o tiranossauro rex. Por isso, foi chamado de giganotossauro.

Novas questões também têm surgido. Pesquisadores discutem, por exemplo, se esses animais eram de sangue quente ou frio. Descobertas recentes mostram que alguns eram ágeis e em nada parecidos com os répteis de sangue frio, que são lentos e de andar pesado.

Além disso, muitos defendem que os dinossauros não estão totalmente extintos. A maioria acredita que as aves modernas, como os avestruzes, são parentes de alguns dinossauros que viveram entre 100 e 200 milhões de anos atrás.

VOCÊ SABIA QUE OS DINOSSAUROS HERBÍVOROS CHEGAVAM A TER MAIS DE 30 METROS DE COMPRIMENTO E A PESAR O EQUIVALENTE A 33 CARROS?

O giganotossauro

O giganotossauro faz parte de um grupo de dinossauros carnívoros denominado terópode, que significa 'pé de fera'. Segundo os cientistas, o giganotossauro foi, provavelmente, o maior terópode do mundo. Seu corpo media 12,5 metros e estima-se que pesava entre 5 e 7,5 toneladas.

Explore o curioso mundo da ciência. São Paulo: Abril, 2010. p. 90-91. (Texto adaptado).

Studio ALLME/Arquivo da editora

Mamíferos gigantes

A Era Cenozoica começou há 65 milhões de anos e dura até hoje. Ela também é chamada de Era dos Mamíferos, já que esses animais se desenvolveram durante o período. Muitos atingiram tamanhos incríveis! Entre os mamíferos gigantes, existiram castores quase do tamanho dos ursos-negros atuais e leões-das-cavernas que pesavam 360 quilos. A maioria dos mamíferos gigantes foi extinta cerca de 10 mil anos atrás por razões ainda discutidas.

Jaime Chirinos/SPL/Cosmos/Glow Images

O maior de todos os bichos-preguiça terrestres do período Cenozoico foi o megatério. Tão grande quanto os elefantes de agora, ele parecia um porquinho-da-índia superdesenvolvido com uma cauda comprida. Muitos cientistas acreditam que ele podia se erguer sobre as patas traseiras para se alimentar das folhas e ramos que tirava das árvores com suas garras longas e afiadas.

Explore o curioso mundo da ciência. São Paulo: Abril, 2010. p. 94-95. (Texto adaptado).

Studio ALLME/Arquivo da editora

Astronauta brasileiro

Quando criança, Marcos Pontes olhava o céu e pensava em ser piloto de jatos. Na Força Aérea Brasileira, descobriu a profissão de astronauta. Partiu para os Estados Unidos e entrou para o programa espacial da Nasa, a agência espacial americana.

Em 2006, a bordo do foguete russo Soyuz TMA-8, ele viajou para a Estação Espacial Internacional (ISS). Assim, ele é o primeiro e único astronauta brasileiro a ir ao espaço!

Como ser um astronauta?

- Estudar muito, fazer aulas de inglês e faculdade nas áreas de exatas ou biológicas.
- Manter a alimentação saudável e dedicar-se a algum esporte para melhorar a resistência física.
- Candidatar-se a uma das vagas na Agência Espacial Brasileira para fazer cursos e aprender a pilotar jatos.
- Fazer cursos e treinamentos na Nasa.
- Aprender atividades relacionadas a pré-lançamentos, lançamentos, órbita, entrada e pouso dos ônibus espaciais.

Tuca Vieira/Folhapress

Viagem ao espaço através do tempo

1950 Criação da Nasa para desenvolver tecnologia de exploração espacial.

1957 A cadela Laika é o primeiro ser vivo a ir ao espaço.

1961 O russo Yuri Gagarin faz um voo na órbita da Terra e diz: "A Terra é azul!".

Bettmann/Corbis/Latinstock

1969 Neil Armstrong é o primeiro homem a pisar na Lua.

Uniforme com superpoderes

Veja como funciona o traje espacial dos astronautas.

Foto de fundo: Corbis/Latinstock

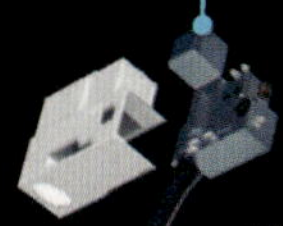

Central de comando

Na frente do traje, há um painel de controle de rádio para o astronauta se comunicar.

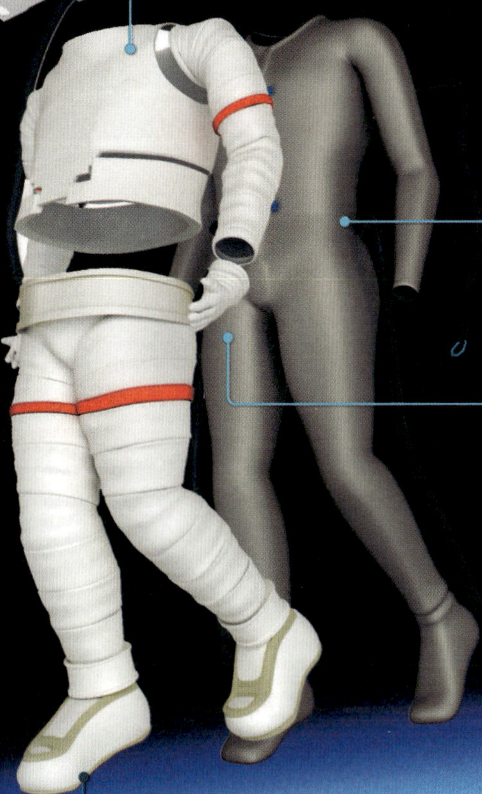

Roupa

Super-resistente e à prova de fogo.

Malha protetora

Sob a roupa espacial há uma malha com caninhos por onde circula água fria para refrescar o corpo.

Luvas

São flexíveis para permitir movimentos.

Capacete

Tem lanterna, câmera e canos ligados a tanques de ar.

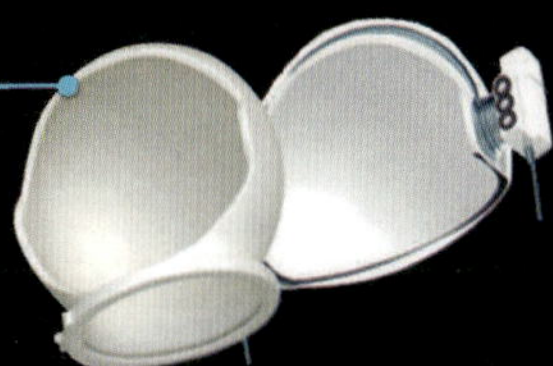

Mochila

Guarda todo o equipamento de sobrevivência dos astronautas.

Frances A. Miller/Shutterstock/Glow Images

Viseiras

O capacete tem três visores. Um deles bloqueia raios do Sol.

Botas

Fazem parte do macacão e são bem confortáveis.

Touca

Tem microfone e fone de ouvido.

Ilustrações: Dorling Kindersley/Getty Images

1976	1986	1990	1994	1995	2005
A sonda Viking 1 pousa em Marte para fazer explorações.	Russos constroem a Mir, a primeira estação espacial permanente no espaço.	O ônibus Discovery leva ao espaço o telescópio Hubble.	É lançado o primeiro satélite brasileiro, o Satélite de Coleta de Dados.	É criada a Agência Espacial Brasileira.	Uma sonda descobre um oceano congelado no subsolo de Marte.

Qi Heng/Xinhua/Latinstock

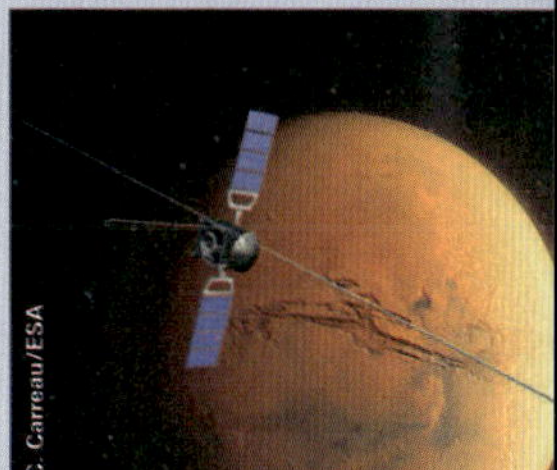

C. Carreau/ESA

Revista Recreio. São Paulo: Abril, ano 11, n. 581, 28 abr. 2011. p. 11. (Texto adaptado).

Sustentabilidade

FAXINA no planeta

Ilustrações: Studio ALLME/Arquivo da editora

Leia o texto a seguir com seus colegas e veja como cada um de vocês pode ajudar a melhorar a situação do nosso planeta.

Faxina geral

Assim como em qualquer casa, a Terra precisa de uma faxina diária. E ela conta com a ajuda de faxineiros muito eficientes: as bactérias e os fungos, seres bem pequenininhos, que se alimentam de restos de animais e plantas.

São eles que transformam tudo aquilo que não serve mais em algo útil para a natureza. Folhas secas e restos de frutas, por exemplo, aos poucos se transformam em adubo, ou seja, nutrientes para as plantas, que vão crescer e servir de alimento a outros seres vivos. É o ciclo natural.

Na arquibancada do planeta

Mas, além de plantas e animais, há cerca de 7 bilhões de seres humanos na Terra. Isso daria aproximadamente 70 mil estádios de futebol como o Maracanã.

Imagine a quantidade de lixo que essa turma produz!

Restos de comida, garrafas, latinhas de alumínio, papéis usados, copos plásticos, pilhas velhas...

Ufa! É tanto lixo que, para limpar o planeta todos os dias, seriam necessários 700 mil caminhões!

Em fila, eles ocupariam mais da metade do litoral brasileiro.

Huguette Roe/Shutterstock/Glow Images

Alberto César Araujo/Folhapress

Um problemão

A maior parte desse lixo é armazenada em aterros sanitários; no entanto, nem sempre há espaço para tanto lixo. O que sobra acaba sendo jogado na natureza, que não dá conta de limpar toda essa sujeira.

A decomposição do lixo pode poluir as águas dos rios, o ar, a terra, e provocar inúmeras doenças.

Além disso, os fungos e as bactérias não se alimentam de plástico, isopor ou latinhas...

Muitos desses materiais se acumulam em rios e poluem o ambiente. Alguns levam mais de mil anos para se decompor.

Faxina inteligente

Não basta jogar o lixo na lixeira.

A faxina precisa ser mais inteligente!

É aí que entra a famosa **reciclagem**.

Reciclar significa 'pôr novamente no ciclo'.

Em vez de ficar parado, o lixo volta para a indústria e é reaproveitado.

O papel usado vira papel novo, e, acredite, as garrafas plásticas de refrigerante podem virar camisetas!

Mini Larousse da reciclagem, de Naiana Raggiotti. São Paulo: Larousse do Brasil, 2006. (Texto adaptado).

Baú de curiosidades

Fique de olho!

Os olhos são órgãos do sentido. Vamos saber mais sobre eles?

Zurijeta/Shutterstock/Glow Images

Num piscar de olhos

Um adulto pisca os olhos 24 vezes por minuto. Entre os 5 e os 10 anos, esse número é quatro vezes menor. Os cachorros e gatos piscam apenas duas vezes por minuto. As pálpebras funcionam como limpadores de para-brisas. O piscar lava os olhos, espalha e mistura o líquido lacrimal.

Ler no escuro e ver TV de perto

Essas atitudes não chegam a causar problemas de visão, mas exigem um esforço visual muito grande e não são nada confortáveis. Esse desconforto pode acarretar sintomas como dores de cabeça e ardor nos olhos. Nessas situações de esforço visual, a concentração e a capacidade de se manter em atividade diminuem, já que a pessoa se cansa rapidamente.

Os cegos de nascença sonham?

Eles sonham, mas de uma maneira diferente. Em vez de "ver" imagens, os cegos sonham com sensações, sons e cheiros – os sentidos que compõem o seu dia a dia.

Studio ALLME/Arquivo da editora

O guia dos curiosos, de Marcelo Duarte. São Paulo: Panda Books, 2010. p. 165 e 168.

POR QUE as pessoas usam ÓCULOS?

Existem óculos de sol e de grau. Eles são usados por motivos diferentes. Os óculos escuros servem para impedir que os raios ultravioleta do Sol machuquem nossos olhos. Já os óculos de grau são usados quando não enxergamos as coisas direito.

Você já deve ter visto, por exemplo, uma pessoa idosa afastando uma folha para ler algo. Ela faz isso porque não consegue enxergar as letras direito quando a folha está muito perto.

Existem vários tipos de problemas de vista, como miopia, quando a pessoa não vê bem de longe, ou hipermetropia, quando ela não vê bem de perto. Para corrigir esses problemas usamos óculos.

Em qual carteira você se senta na escola? Consegue ver bem o que está escrito no quadro quando se senta no fundo? Sente muita dor de cabeça?

Se você não consegue ler direito o que está escrito na lousa ou sempre tem dor de cabeça durante a aula, conte para a professora e seus pais. Peça a eles que te levem para fazer um exame de vista! Quem sabe você também precisa usar óculos?

Disponível em: <www.ufmg.br/universidadedascriancas/?p=629>. Acesso em: 3 mar. 2015. (Texto adaptado).

Warren Goldswain/Shutterstock/Glow Images

Deklofenak/Shutterstock/Glow Images

Os segredos do COCO

Ilustrações: Studio ALLME/Arquivo da editora

No meio de um dia quente, tomar água de coco é tudo de bom. Mas como a água vai parar dentro do coco? Não é mistério! Ela se forma dentro da fruta.

Tudo começa quando uma semente surge no coqueiro e uma grande embalagem protetora para ela é produzida, formando a casca do coco. O embrião da semente fica alojado na polpa (a parte branca do coco verde), mas só isso não basta: o embrião precisa de nutrientes. É aí que entra a água de coco.

Quando a semente surge, substâncias nutritivas são produzidas pelo coqueiro e se misturam à água absorvida do solo. É dessa união que surge a água de coco, um líquido gostoso e nutritivo, rico em sais minerais.

À medida que o fruto amadurece, a água vira a polpa branca e comestível. Mais ou menos um ano se passa até que boa parte da água se torne uma polpa grossa e suculenta, completando a formação da semente.

Stefan Kolumban/Pulsar Imagens

Imagem de fundo: David Martins/Arquivo da editora

Direto do pé

A árvore de onde vem o coco se chama coqueiro, tem até 30 metros de altura, folhas longas e é típica de lugares de clima quente e úmido. Por isso, cresce melhor em regiões próximas ao mar. O fruto se espalhou pelo mundo viajando pelos oceanos. Como a parte externa de sua casca tem uma cera impermeável, o coco consegue flutuar e é carregado por correntes marítimas.

O formato arredondado também ajuda na viagem, que pode durar até quatro meses.

D. Alderman/Alamy/Other Images

Você sabia?

- Pesquisadores acreditam que o coco é nativo de uma região da Ásia, perto da Malásia e da Indonésia.
- Tudo do coco pode ser aproveitado. A casca, por exemplo, é usada como combustível para caldeiras e matéria-prima de artesanato.
- Uma árvore pode dar cocos por até 80 anos.

Receita: *sequilho de coco*

Você vai precisar de:

- 100 gramas de manteiga
- 100 gramas de coco ralado
- 1 vidro de leite de coco
- 500 gramas de polvilho doce
- 3 ovos
- 2 xícaras de açúcar

Studio ALLME/Arquivo da editora

Modo de fazer:

1. Coloque a manteiga em uma tigela e leve ao micro-ondas por 30 segundos para derreter. Em outra tigela, misture o coco e o leite de coco. Junte todos os ingredientes e amasse até dar ponto para modelar. Se ficar mole, ponha mais polvilho.
2. Faça bolinhas do tamanho de um biscoito recheado. Forre o prato do micro-ondas com papel-manteiga e coloque os sequilhos, com espaço entre eles.
3. Leve ao micro-ondas por 2 minutos, depois abra e veja se não estão queimando. Coloque por mais 3 minutos. Retire do micro-ondas e deixe descansar por 5 minutos.

Marcelo Costa/Shutterstock/Glow Images

Revista **Recreio**. São Paulo: Abril, ano 11, n. 570, 10 fev. 2011. p. 25.

Cada um no seu lugar

No ar ou no ninho,
o lugar do passarinho.

No mar ou no rio,
o lugar do peixe.

Na terra ou na água,
o lugar da planta.

Voando no ar,
nadando no rio,
crescendo na terra.

Tão bom é estar
sempre no seu lugar.

Um lugar pro lixo
não pode faltar.

O lugar do lixo
vamos encontrar.

O lixo no lixo
vamos colocar.

As coisas do lixo
vamos separar.

Tem lixo de plástico,
vidro e papel.

Tem lixo de tudo,
o lixo a granel.

Lixo de hospital,
lixo contaminado.

Com todos os lixos
tenhamos cuidado.

A nossa saúde agradece:
obrigada.

Poesia pela cidadania, de Odete Rodrigues Baraúna.
São Paulo: Scipione, 2004. (Dó-ré-mi-fá).

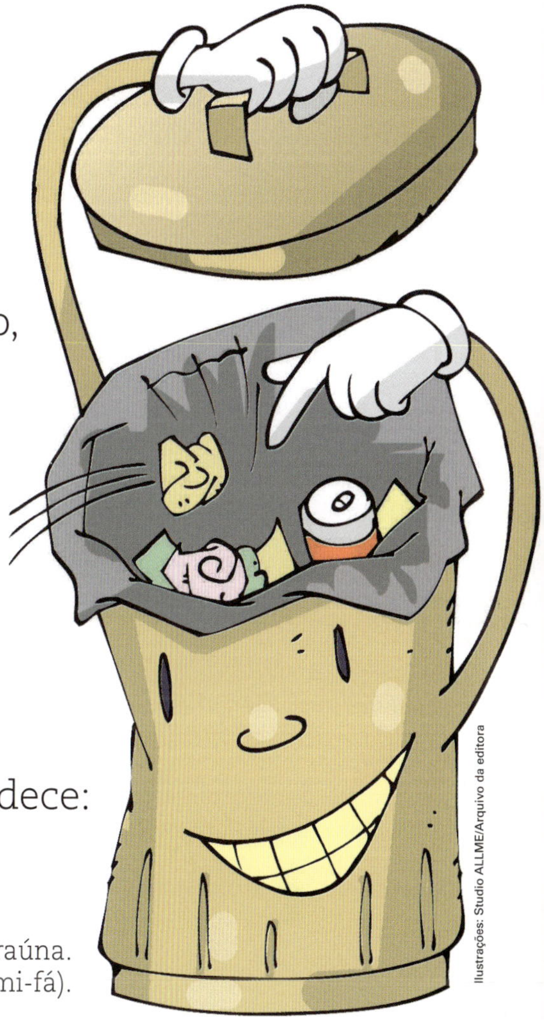

Ilustrações: Studio ALLME/Arquivo da editora

Você sabia?

- Apenas 2% do lixo brasileiro é reciclado.
- O Brasil produz uma montanha de 240 mil toneladas de lixo por dia.
- Na coleta seletiva de lixo, as pessoas separam materiais recicláveis, como papéis, vidros, latas, plásticos, para venda e reaproveitamento.

O guia dos curiosos, de Marcelo Duarte.
São Paulo: Panda Books, 2010. (Texto adaptado).

O dinossauro preferido

Escolha um dinossauro ou mamífero gigante e pesquise sobre ele. Faça um desenho desse animal e registre as informações que você obteve.